자연의 힘으로
병을 고치는
전통 의학

한눈에 펼쳐 보는 전통문화 ㉗
자연의 힘으로 병을 고치는 전통 의학

초판 1쇄 인쇄 | 2014년 2월 5일
초판 1쇄 발행 | 2014년 2월 12일

지은이 | 주영하
그린이 | 이국희

발행인 | 양원석
편집장 | 전혜원
기획 및 편집 | 김경애
디자인 | 씨오디 Color of Dream
해외저작권 | 황지현, 지소연
마케팅 | 김경만, 정재만, 곽희은, 임충진, 김민수, 장현기, 송기현
　　　　우지연, 임우열, 정미진, 윤선미, 이선미, 최경민
제작 | 문태일, 김수진

펴낸곳 | (주)알에이치코리아
주소 | (153-802) 서울특별시 금천구 가산디지털2로 53, 20층 (한라시그마밸리)
문의 | 02-6443-8869(내용), 02-6443-8838(구입), 02-6443-8962(팩스)
등록 | 2004년 1월 15일 제2-3726호

ISBN 978-89-255-5221-7 (74380)
ISBN 978-89-255-4384-0 (세트)

* 값은 책 뒤표지에 있습니다.
* 이 책은 저작권법에 따라 보호를 받는 저작물이므로 무단 전재와 무단 복제를 금하며,
  이 책 내용의 일부를 이용하시려면 반드시 저작권자와 (주)알에이치코리아의 서면 동의를 받아야 합니다.
* 잘못 만들어진 책은 구입하신 곳에서 교환해 드립니다.
* 모서리가 날카로워 다칠 수 있으니 사람을 향해 던지거나 떨어뜨리지 마십시오.

RHK 는 랜덤하우스코리아의 새 이름입니다.

한눈에 펼쳐 보는 전통문화 27

자연의 힘으로 병을 고치는
전통 의학

글·주영하 그림·이국희

주니어 RHK

시리즈 소개

한눈에 펼쳐 보는 전통문화

〈한눈에 펼쳐 보는 전통문화〉는 어린이들에게 한국인으로서의 긍지와 뿌리를 심어 주는 전통문화 시리즈입니다. 재미있는 한 편의 이야기를 읽다 보면 자연스레 우리 조상들의 슬기와 지혜를 엿볼 수 있어요. 정확한 설명과 그림 정보들을 통해 우리 전통문화 유산에 대한 지식을 쌓을 수 있습니다. 또한 책 속 부록으로 제시된 '한눈에 펼쳐 보는 전통문화' 코너를 통해 본문 이야기 속에 제시된 전통문화 정보를 한눈에 파악할 수 있어요.

재미있는 이야기와 풍부한 정보가 가득합니다!

조상들의 생활과 풍습에 관한 재미있는 이야기, 역사와 문화재에 대한 올바른 정보, 자랑스러운 국보와 과학 기술이 돋보이는 주거 생활, 다양한 도구들, 예로부터 전해져 내려오는 바른 먹을거리, 복식 문화 등 우리나라의 전통문화를 총망라하여 내용을 구성하였습니다.

쉽고 자세한 그림으로 어린이들의 이해를 돕습니다!

이야기에 나오는 재미 위주의 장면 그림보다는 정보 부분에 해당하는 그림만 수록하여 보다 쉽고 자세하게 전통문화 관련 정보를 익힐 수 있도록 했습니다. 특히 주제별로 하나씩 큰 그림들을 모아 책 속 부록으로 재구성한 '한눈에 펼쳐 보는 전통문화' 코너를 통해 그림만 살펴보더라도 전통문화를 쉽게 파악하여 지식을 쌓을 수 있습니다.

한 편의 재미있는 이야기 속에 권별 주제와 관련된 정보가 알차게 담겨 있어요.

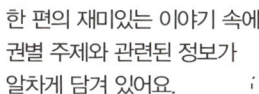

어린이들이 이해하기 쉬운 그림을 통해 전통문화를 설명하고 있어요.

이야기 속에 등장한 전통문화 관련 정보를 한눈에 파악할 수 있도록 구성하였어요.

〈교과연계표〉 자연의 힘으로 병을 고치는 전통 의학

학년	교과목	단원
2학년	2학기 [슬기로운 생활]	3. 아름다운 우리나라 (사계절과 우리 생활)
3학년	1학기 [사회]	3. 고장의 생활과 변화 (지혜를 담아 온 생활 도구), (의식주 생활의 변화)
4학년	1학기 [과학]	3. 식물의 한 살이
	2학기 [과학]	1. 식물의 세계
5학년	1학기 [과학]	3. 식물의 구조와 기능

 차례

1. 자연에서 얻은 몸에 좋은 약 ······ 10
   설이의 의학 공부 **쉽게 따라 하는 우리 민간요법** ······ 22

2. 질병을 치료하는 바늘과 불 ······ 24
   설이의 의학 공부 **꾹꾹 누르기만 해도 아픈 게 낫는 지압법** ······ 36

3. 병을 쫓는 기도 ······ 38
   설이의 의학 공부 **정성으로 길면 약이 되는 물** ······ 50

4. 백성들을 위한 조선 시대의 보건소 ······ 52
   설이의 의학 공부 **조선 시대의 보건소, 혜민서와 활인서** ······ 64

5. 조선의 팔방미인 여의사들 …… 66
   설이의 의학 공부 의녀 중에 최고 의녀, 내의녀 …… 80

6. 전통 의학의 모든 것이 담긴 의학서들 …… 82
   설이의 의학 공부 《동의보감》에 담긴 내용 …… 92

7. 왕을 돌보는 의사들 …… 94
   설이의 의학 공부 자나 깨나 임금의 건강을 돌보는 내의원 …… 106

8. 체질마다 다른 치료법 …… 108
   설이의 의학 공부 사상 의학의 네 가지 체질 …… 122

〈부록〉 한눈에 펼쳐 보는 전통문화 전통 의학

여는 글
자연의 힘으로 병을 고치는 전통 의학 이야기

요즘엔 아프면 언제 어디서나 병원을 찾을 수 있지요? 집을 나서 길만 건너도 동네 병원이 있고, 번화가로 나가면 더 큰 병원이 즐비하니까요. 하지만 옛날에는 병원 없는 마을이 많았어요. 옛날에는 병원을 의원이라고 불렀는데, 의원을 찾기 위해 산 넘고 물 건너 멀리까지 가는 경우도 많았지요.

그렇다면 우리 조상들은 갑자기 몸이 아프면 어떻게 병을 치료했을까요? 지혜로운 우리 조상들은 산이나 들에서 나는 약초들을 이용했답니다. 이 약초들은 겉보기에는 보통 풀과 다름없지만 제각각 다른 효능이 있어서 병 치료에 널리 이용되었어요. 산삼처럼 귀한 것에서부터 민들레처럼 흔한 들꽃까지 누구나 산과 들에서 병을 치료할 수 있는 약초를 얻을 수 있었어요.

뿐만 아니라 의원을 찾으면 침과 뜸 같은 치료를 받을 수 있었어요. 침

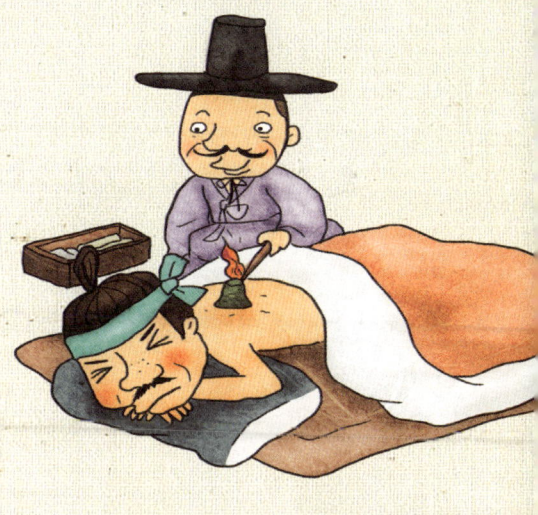

　과 뜸은 전통 의학의 대표적인 치료법이에요. 현대 의학과는 달리 바늘처럼 뾰족한 침과 뜨거운 열을 이용해 독한 약이나 수술 없이 병을 치료할 수 있어요. 오늘날에도 전통 의학이 사랑 받는 이유는 이처럼 몸에 무리가 가지 않는 치료법 덕분이지요. 지금도 한의원에 가면 우리의 전통 치료법을 경험해 볼 수 있어요.

　이 책은 동생의 병을 고쳐 줄 유명한 의원님을 찾아 먼 길을 떠난 섬 소녀 설이의 경험을 담은 이야기예요. 주인공 설이는 약초꾼 아버지로부터 약초의 쓰임을 배운 아주 똑똑한 친구랍니다. 처음에는 동생을 낫게 하기 위해 의원님을 찾아 나섰지만, 갈수록 우리 전통 의학의 매력에 푹 빠져들게 되지요. 설이를 따라가면 우리 조상들이 어떻게 의술을 공부하고, 어떤 원리로 질병을 치료했는지 한눈에 살펴볼 수 있어요.

약초와 약재

자연에서 얻은 몸에 좋은 약

설이네 가족은 작고 아담한 섬에 살고 있었어요. 사람이 많지 않아 한적한 곳이지만 집 앞에 있는 멋진 산 덕분에 설이는 심심할 틈이 없었지요.

아버지도 섬에 울창한 산이 있어 다행이라고 여겼어요. 설이네 가족은 산에서 나는 열매와 약초들을 팔아 생계를 꾸리고 있었거든요. 아버지는 매일 아침 망태기를 메고 산에 올라 저녁 무렵 망태기 가득 약초를 따서 내려왔어요. 이렇게 캔 약초들은 장터나 의원에 팔아 그 돈으로 쌀이나 먹을 것을 샀어요.

오늘도 설이는 아버지를 따라 산에 올랐어요. 아직 초봄이라 쌀쌀했지만 산에 오르는 일은 즐겁기만 했어요. 다람쥐와 새 같은 온갖

약초를 캘 때 쓰는 다양한 도구들
우리 조상들은 산에서 나는 다양한 약초들로 병을 치료했어요. 약초꾼들은 약초를 팔아 생계를 꾸렸는데, 약초를 캘 때 약초가 다치지 않도록 다양한 도구를 사용했어요.

약 망태기
캐 낸 약초를 담는 둥근 호롱이 모양의 바구니예요.

약 호미
땅 속 깊이 묻혀 있는 약초 뿌리는 호미로 캐 내지요.

약 꼬챙이
약초를 다치지 않게 파내는 긴 꼬챙이예요.

약 삽
약초가 묻힌 땅의 흙을 떠 내는 도구예요.

산짐승들과 눈 맞추는 일도 즐겁고, 아버지를 따라 약초 캐는 일도 재미있었지요.

버섯 하나를 한참이나 들여다보던 설이가 아버지에게 물었어요.

"아버지, 이건 버섯이에요? 꼭 솔방울을 닮았어요."

"그건 와송이라는 버섯이란다. 아주 귀한 약초를 발견했구나!"

아버지는 옹기종기 모여 있는 와송을 호미로 조심스레 파서 흙을 털고 망태기에 담았어요.

아직 설이는 약초들을 완벽히 구분하지는 못해요. 그래서 잡초 속에서 귀한 약초를 골라내는 아버지가 신기하기만 했어요. 설이네 아버지는 마을에서 제일 가는 약초꾼이었어요. 어릴 때부터 할아버지를 따라 약초를 캐러 다녀서 약초에 관해서는 척척박사였지요.

약초를 찾아 한참을 뛰어다닌 설이의 배에서 꼬르륵 소리가 났어요. 아버지와 설이는 햇볕이 잘 드는 곳에 앉아 늦은 점심을 먹었어요. 어머니가 싸 주신 커다란 주먹밥을 설이에게 건네는 아버지 얼굴에 웃음꽃이 활짝 피었어요. 오늘은 귀한 약초인 와송을 제법 많이 캤거든요.

"아버지, 와송이랑 산삼 중에 어느 게 더 좋은 약초예요?"

설이가 묻자 아버지는 잠시 생각에 잠겼어요.

"산삼이 와송보다 귀한 약초라고들 한다만……, 약초마다 제각각의 쓰임이 다르니 모두가 귀하다고 할 수 있지. 심지어 흔한 들꽃도 잘만 쓰면 좋은 약초가 될 수 있단다."

아버지가 약초를 얼마나 귀하게 여기는지 잘 아는 설이는 환하게 웃었어요. 어떤 사람들은 비싼 약초가 제일이라고 말하지만, 아버지는 흔한 들꽃조차 허투루 여기지 않았어요. 아버지는 산에 오를 때마다 들꽃에 대해 하나하나 그 쓰임을 설명해 주곤 했어요. 게다가 나뭇가지나 뿌리, 나무 열매 같은 것들 중에도 약으로 쓰일 수 있는 것들이 많았어요. 그뿐 아니라 가끔은 곤충도 좋은 약이 되었어요. 곤충 말린 것으로 약을 짓는 의원들도 많았지요.

"인동덩굴 꽃은 아주 흔하지만 약으로 쓰면 금은보다 귀해 금은화라 불리지. 마찬가지로 봄에 피는 민들레도 꽃부터 이파리, 뿌리까지 버릴 것 하나 없는 약이란다."

아버지가 아니었다면 설이는 매일 보는 꽃이나 풀에 병을 고치거나 몸을 튼튼하게 만드는 놀라운 힘이 있는지 몰랐을 거예요.

아버지는 눈이 어두운 할머니를 위해 빨간 구기자 열매를 달여 드리고, 몸이 약한 여동생 명이에게는 오가피나무 껍질을 달여 먹이고, 감기에 잘 걸리는 어머니에게는 감초로 환약을 지어 주었어요.

할머니와 명이를 위해 정성으로 약을 달이는 아버지를 보며 가끔은 설이도 응석을 부리곤 했어요.

"아버지, 설이는요? 설이한테는 어떤 약이 좋아요?"

그럴 때마다 아버지는 미소를 지으며 다정하게 말했어요.

"설이는 몸이 튼튼하잖니. 우리 설이에게는 배움이 최고의 약이니, 글공부를 열심히 해서 아픈 사람들에게 도움을 주는 사람이 되면 좋겠구나."

아버지의 바람처럼 설이는 어릴 때부터 훌륭한 약초꾼이 되는 게 꿈이었어요. 그래서 틈만 나면 아버지를 졸라 산에 오르고 틈틈이 글공부도 했지요.

벌써 산에 오른 지 1년, 그동안 설이는 약초들을 눈으로 살펴보고

사계절 다양한 약초들

옛날에는 지금처럼 병원이 많지 않아서 집에서 병을 다스리는 일이 많았어요. 이렇게 의원을 찾지 않고 스스로 병을 치료하는 것을 '민간요법'이라고 하지요. 특히 약초는 민간요법에서 아주 중요한 역할을 했어요.

봄
우리가 흔히 아는 냉이, 쑥, 민들레, 파 등이 약초로 쓰였어요.

여름
여름에 나는 고추, 마늘, 부추, 옥수수, 질경이도 질병을 예방하고 몸을 튼튼하게 해 준답니다.

가을
무와 밤나무, 더덕은 가을에 나는 대표적인 약초예요.

겨울
귤나무, 도라지, 생강, 소나무, 칡 같은 것들로 병을 다스렸어요.

코로 냄새를 맡으며 그 쓰임을 배웠어요.

그렇게 한참 약초들을 캐는데 아버지가 주위를 둘러보았어요.

"해가 지는구나. 어서 내려갈 준비를 하자."

산에는 밤이 일찍 찾아와요. 그래서 해가 완전히 지기 전에 서둘러 내려가야 했어요. 그런데 어두워지는 하늘을 바라보는 아버지의 얼굴도 함께 어두워졌어요.

"명이가 올 겨울을 넘기느라 힘들었던 모양이다. 이 약초들이 잘 들어야 할 텐데……."

오순도순 행복하게 살아가는 설이네 가족에게 딱 하나 걱정거리가 있었어요. 바로 설이의 여동생 명이의 병이었지요. 명이는 태어날 때부터 몸이 약해서 크고 작은 병들을 많이 앓았어요. 아버지가 정성을 다해 약초를 달여 먹였지만, 그 신통하다는 아버지의 약초도 명이에게는 소용이 없었어요.

명이는 벌써 여섯 살이 되었지만 요즘도 자리에 누워 있는 때가 더 많았어요. 특히 추워서 밖에 나가지 못하는 겨울이 되면 항상 설이를 부러운 눈으로 바라보았지요. 지난 겨울에도 명이는 자리에 누워 언니에게 이렇게 물었어요.

"언니, 밖에 눈 와? 눈사람은 만들었어?"

그러면 설이는 바깥 풍경을 설명해 주었어요.

"응, 하얀 눈이 펑펑 내리고 있어. 산도 들도 온통 희고, 강아지들도 신이 나서 뛰어다니고 있어. 명이도 빨리 건강해져서 같이 놀자고 했어."

그렇게 추운 겨울이 지나고 봄이 왔지만 명이는 아직도 콜록콜록 기침을 하며 자리에서 일어날 줄을 몰랐어요. 사실 설이도 명이 걱정에 한숨을 쉴 때가 많았어요. 겨울이 다가오면 혹시나 추위에 명이를 잃을까 봐 두렵기도 했지요. 만일 명이에게 무슨 일이 생긴다면 설이는 견딜 수 없을 거예요.

설이와 아버지가 약초 망태기를 메고 집에 도착하니 어머니가 화로에 불을 피우고 있었어요. 오늘 캐온 약초와 말린 약재로 명이의 탕약을 만드려는 거였어요.

"손이 모자란데 설이가 좀 도와주겠니?"

설이는 "예!" 대답하고는 깨끗이 손을 씻었어요. 그간 어머니가 탕약 만드는 걸 여러 번 본 터라 설이도 탕약 만드는 일에 자신 있었어요. 어머니는 잘 말린 계피 조각이 든 작은 약절구를 설이에게 내밀었어요. 설이는 마른 계피 조각을 작은 방망이로 콩콩 찧어 잘게 부수었어요.

"환절기라 감기에 걸리기 쉬우니 이 계피로 환약을 만들어 먹을 거란다. 계피는 몸을 따뜻하게 해 주는 효과가 있거든."

설이가 계피를 찧는 동안 어머니는 약재 몇 가지를 잘라 삼베 주머니 안에 넣었어요. 이 약재들을 탕기에 담아 물을 붓고 오래 달이면 몸에 좋은 탕약이 되지요.

어머니는 탕약을 화로 위에 올리고 난 뒤 신선한 약초 몇 뿌리를 약연에 넣어 즙을 내기 시작했어요. 약연은 설이가 가장 좋아하는 약기였어요. 긴 배 모양의 그릇 위를 둥글납작한 돌이 지나가자 약초가 갈리면서 신선한 즙이 우러났어요.

"이건 설이 몫이란다."

어머니가 미소를 지으며 말했어요.

화로 위 탕기가 보글보글 끓기 시작했어요. 탕기 속 약재들은 오

약을 만들 때 필요한 도구들
약을 만드는 도구를 '약기'라고 해요. 약기들은 약을 빻고, 갈고, 끓이는 데 다양하게 사용되었어요.

약틀
달이고 난 약재를 삼베 보자기에 넣어 남은 즙을 짜낼 수 있도록 만든 나무 틀이에요.

약연
둥근 돌로 약초를 쓱 싹싹 갈아 즙을 낼 수 있도록 만든 긴 배 모양의 그릇이에요. 약초를 갈아 낸 즙은 그대로 마시기도 하지요.

약탕기
약재들에 물을 붓고 불 위에 올려 오래 달일 수 있도록 만든 둥근 냄비예요. 주로 돌이나 은으로 만들어요.

약절구
약재를 빻거나 갈 때 사용해요. 동그란 사발 안에 약재를 넣고 절굿공이로 콩콩 찧을 수 있도록 되어 있어요. 이렇게 갈아 낸 약재로 가루약 또는 동그란 알약인 환을 만들어 먹어요.

래오래 끓여야 좋은 성분들이 물에 녹아 빠져 나온다고 해요. 그래서 약은 오랜 시간 동안 정성으로 달여야 효과가 좋아요.

"수고했다. 설아, 곧 저녁밥을 차릴 테니 쉬고 있으렴."

어머니가 밥 지을 준비를 하자 설이는 얼른 큰방으로 달려갔어요. 방 안으로 들어서는 설이를 보고 할머니와 명이의 얼굴이 환하게 밝아졌어요.

"할머니, 다녀왔습니다! 명이야, 언니 왔어!"

"우리 강아지 왔구나."

할머니는 바깥 공기에 차가워진 설이의 손을 감싸 주었어요. 명이는 언니를 보고 눈을 반짝이며 웃었어요.

설이는 치마 안쪽 주머니에서 굵은 칡뿌리를 꺼냈어요.

"할머니, 심심할 때 드세요. 소화가 잘 될 거예요."

명이는 칡뿌리를 할머니 손에 쥐어 드리며 명이에게도 떼어 주었지요. 할머니와 명이가 기뻐하는 모습을 보자 설이는 코끝이 찡했어요. 내일이면 정든 집을 한동안 떠나야 했거든요.

얼마 전, 설이는 명이를 치료하러 온 의원과 아버지의 대화를 듣게 되었어요. 의원은 명이를 보며 안타까운 얼굴로 말했어요.

"아무래도 내 솜씨로는 이 아이의 병을 고치기 어렵겠소. 강 건너 뭍에 사는 유명한 의원이라면 또 모를까……."

아버지는 슬픈 얼굴로 고개만 끄덕였어요.

"저도 소문을 들었습니다만 그분이 이 외딴 섬 가난한 집까지 와 주실까요."

뭍에 사는 명의는 돈을 많이 받고 양반들만 고쳐 준다는 소문이 있었어요. 설이는 그날 밤부터 부모님을 조르기 시작했어요.

"아버지, 제가 뭍으로 가서 꼭 그분을 모시고 올게요."

아버지와 어머니는 펄쩍 뛰며 반대했어요.

"그 먼 길을 너 혼자 어떻게 간단 말이니? 치료비는 또 어떻게 마련하고?"

하지만 설이의 결심은 흔들리지 않았어요.

"아버지는 약초 캐는 일을 멈출 수 없고, 어머니는 할머니와 명이를 돌봐야 하잖아요. 저도 이제 다 컸는걸요. 제가 어떻게든 명의를 데려올 거예요. 보내 주세요!"

몇 날 며칠을 조르는 설이에게 결국 부모님도 두 손 두 발을 들 수밖에 없었어요. 설이는 훌륭한 약초꾼이 되려면 의술과 세상을 배워야 한다고 의지를 불태웠어요.

"아버지, 뭍에는 분명 제가 모르는 세상이 있을 거예요. 의원님을 만나면 잔심부름이라도 해서 꼭 의술을 배우겠어요."

"정 그러하다면 다녀오너라. 부디 몸 건강히 돌아와야 한다."

아버지가 승낙하자 어머니는 곁에서 눈물을 지으며 설이를 안아 주었어요.

"우리 설이가 다 컸구나. 아버지 말씀대로 꼭 건강히 돌아오너라."

그렇게해서 설이는 내일이면 배를 타고 바다 너머 뭍으로 가게 되었어요. 저녁을 먹고 잠자리에 들기 전, 설이는 이불 속에서 명이의 손을 꼭 잡으며 속삭였어요.

"명이야, 언니가 꼭 네 병을 고쳐 줄게. 첫눈 오기 전에 돌아올 테니까 같이 눈사람도 만들고 꿩도 잡자."

명이는 울지도 않고 당차게 대답했어요.

"응! 언니가 돌아올 때까지 엄마 아빠, 할머니 말씀 잘 듣고 있을게."

모두가 잠이 들었지만 설이는 어둠 속에서 말똥말똥 눈을 뜨고 있었어요. 설이의 머리맡에는 어머니와 아버지가 정성껏 마련해 준 여비와 비상약으로 쓸 약초가 담긴 보따리가 놓여 있었어요. 보따리에서 어머니가 만든 향긋한 계피 환약 냄새가 났어요.

또 보따리에는 설이가 챙긴 천자문 책도 있었어요. 설이를 기특히 여겨 글을 가르쳐 주신 서당 할아버지께서 이렇게 말씀하셨거든요.

"글은 자꾸 배우고 써야 느는 거란다. 어딜 가든 이 책을 꼭 가지고 다니거라."

설이는 천천히 잠에 빠져 들었어요. 그날 밤 신기한 꿈 하나를 꾸었어요. 산을 오르는데 어디선가 설이의 이름을 부르는 인자한 목소리가 들렸어요.

"설이야, 설이야!"

꿈속에서 설이는 귀를 쫑긋 세웠어요. 부르는 소리를 따라 올라가 보니 커다란 바위 위에 길고 흰 수염을 가진 산신령이 보였어요. 설이는 바위를 향해 달려가며 목이 터져라 산신령을 불렀어요.

"신령님! 신령님!"

설이는 명이의 병을 낫게 해 달라고 부탁할 참이었어요. 그때, 갑자기 산신령이 연기처럼 사라졌어요. 놀란 설이는 눈을 비비며 산신령이 사라진 자리를 살폈어요. 거기에는 금빛이 나는 뿌리 하나가 놓여 있었어요. 설이는 단박에 그것이 백 년 묵은 산삼이라는 걸 알았어요. 설이는 산삼을 집어 들고 몇 번이나 절을 올렸어요.

"신령님, 감사합니다! 이 산삼으로 명이의 병을 고칠게요."

다음 날 아침, 꿈에서 깨어난 설이는 곰곰이 생각해 보았어요. 이번 여정에서 꼭 명이의 병을 고칠 방도를 얻을 수 있을 것 같았지요. 설이는 두근대는 가슴을 달래며 서둘러 자리를 걷고 일어났어요.

설이의 의학 공부
쉽게 따라 하는 우리 민간요법

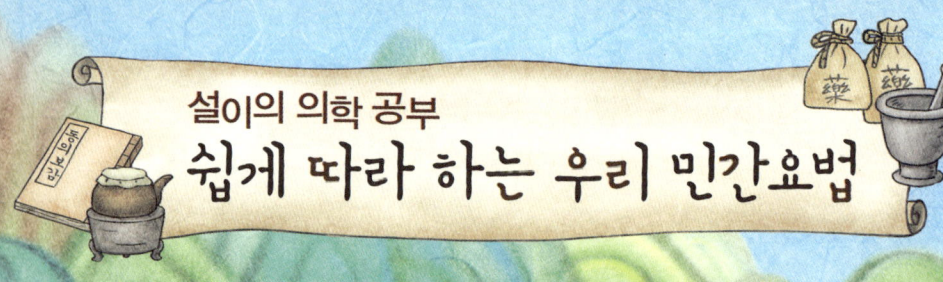

옛 어른들은 민간요법을 이용해서 질병을 다스렸어요. 그중에는 오늘날에도 간단히 따라해 볼 수 있는 치료법들이 있어요. 조상들의 지혜가 담긴 몇 가지 민간요법을 살펴보아요.

감기에 걸렸을 때
감기를 치료할 때는 무와 생강, 파뿌리 등을 이용해요. 다진 무에 꿀을 섞어 뜨거운 물을 부어 잘 저어서 마시거나, 파뿌리의 수염을 깨끗이 씻어 참기름을 넣고 약한 불에 졸여 먹으면 감기를 물리칠 수 있어요. 생강을 물에 넣고 끓여 꿀을 타 먹는 생강차도 감기에는 그만이지요.

화상을 입었을 때
우리 조상들은 화상에 오이와 감자를 많이 썼어요. 오이를 강판에 갈아 즙을 낸 다음 환부에 붙이거나, 생감자 간 것을 붙이면 화기와 통증이 점차 사라지지요.

침과 뜸

질병을 치료하는
바늘과 불

        이른 아침, 어머니와 아버지가 먼 길을 떠나는 설이를 배웅하기 위해 선착장까지 나왔어요. 설이는 배에 오르면서 씩씩하게 외쳤어요.

"아버지, 어머니, 잘 다녀올게요!"

"그래, 부디 조심해서 다녀오너라."

  어머니와 아버지는 배가 멀어질 때까지 선착장을 떠나지 않고 손을 흔들어 주었어요.

  겉으로는 씩씩하게 굴었지만 설이는 부모님과 떨어진다는 생각에 무섭고 슬펐어요. 어머니와 아버지 모습이 아주 작게 보일 때까지 눈물을 꾹 참다가 배가 멀어지자 참았던 울음을 터뜨렸어요. 훌쩍이는 설이를 다른 사람들도 안쓰럽게 바라보았어요. 그때 뱃사공 아저씨가 설이를 위로했어요.

"아가, 너무 슬퍼 말거라. 네가 의원을 데리고 돌아오면 동생의 병도 낫고 부모님도 기뻐하실 거다."

뱃사공 아저씨는 설이네 동네를 자주 오가기 때문에 설이네 사정을 훤히 알고 있었어요. 아저씨의 위로에 설이는 나시 용기를 내기로 했어요.

아침 일찍 일어나 분주하게 움직인 탓인지 설이는 뱃전에 기대 깜빡 잠이 들었어요. 그런데 잠결에 어디선가 "아이고, 아이고." 하는 신음 소리가 들려왔어요. 설이가 눈을 떠 보니 설이와 함께 배를 탄 어르신 한 사람이 몸을 웅크리고 있었어요.

"어르신, 어디가 불편하세요?"

설이가 물으니 어르신은 식은땀을 흘리며 대꾸했어요.

"뱃멀미가 심하구나. 열도 나고 속도 메스껍단다."

어르신 얼굴에 식은땀이 흐르면서 얼굴색도 창백했어요. 설이는 서둘러 보따리에서 솔잎과 바늘을 꺼냈어요.

"어르신, 손을 주세요. 제가 낫게 해 드릴게요."

걱정스러운 얼굴로 쳐다보던 뱃사공 아저씨도 거들었어요.

"이 아이를 믿어 보시지요. 약초꾼 딸이니 제법 신통할 겁니다."

어르신은 고개를 끄덕이며 설이에게 손을 내밀었어요. 설이는 손에 쥔 바늘로 어르신의 양쪽 엄지 마디와 끝을 번갈아 찔렀어요. 찔린 자리에서 검은 피가 솟구쳤어요. 설이는 손바닥 가운데를 여러 번 힘껏 누르고 보따리에서 꺼낸 솔잎 몇 가닥을 내밀었어요.

"이걸 씹어 입안에 물고 계시면 멀미가 덜할 거예요."

어르신은 설이의 말대로 솔잎을 입에 물었지요. 잠시 후 어르신이 놀란 얼굴로 말했어요.

"어허, 벌써 속이 좀 편안해졌구먼. 거참, 신통하다!"

어르신은 설이의 솜씨에 놀란 얼굴이었어요.

"그런데 어린아이가 무슨 일로 혼자 배를 탔는고?"

이번에는 어르신이 물었어요. 설이는 동생이 아파서 뭍에 명의를 찾으러 가게 된 사정을 설명했어요. 그러자 어르신이 호탕하게 웃으며 이렇게 말했어요.

"허허, 내가 그 의원을 잘 아니 그 집까지 데려다 주지."

그렇잖아도 어떻게 의원을 찾아가야 하나 막막했던 설이는 기쁨을 감추지 못했어요.

"어르신, 감사합니다. 정말 감사합니다."

설이는 생각지도 못한 도움으로 명의의 집에 도착할 수 있었어요.

설이는 명의의 집을 보고 두 눈이 휘둥그레졌어요. 유명한 의원이어선지 큰 기와집 앞에 진료를 받으려는 사람들이 길게 줄을 서 있었어요. 잠시 후 어르신이 대서 가게에서 붓과 종이를 빌려 편지 한 장을 써 주었어요.

"의원을 만나거든 이 편지를 전하렴. 포기하지 말고 힘을 내거라."

어르신이 설이의 어깨를 두드려 주었어요. 설이는 다시 한 번 어르신에게 감사의 인사를 건네고 서둘러 줄을 선 사람들 사이로 뛰어갔어요.

집 안을 기웃거리며 한참 줄을 서서 기다리는데 누군가 설이의 옷깃을 잡아챘어요.

"너는 평민의 아이가 아니냐. 여기는 양반들이 서는 줄이니 저리 가거라!"

우락부락한 인상의 남자 하인이 설이를 윽박질렀어요. 하지만 설이는 물러서지 않고 하인에게 간절히 부탁했어요.

"의원님께 꼭 드릴 말씀이 있어요. 의원님을 만나게 해 주세요."

"의원님께서는 양반들만 치료한다."

설이는 이번에는 화가 나서 말했어요.

"병에 걸리면 아픈 건 양반이나 평민이나 마찬가지잖아요."

하지만 하인은 고개를 저으며 설이를 줄에서 쫓아냈어요.

설이는 흙먼지가 피어오르는 길가로 밀려나 서러운 마음을 간신히 참았어요. 절대로 포기하지 말라는 어르신의 말이 떠올랐지요.

'어떻게 하면 의원님을 만날 수 있지?'

눈을 크게 뜨고 주변을 둘러보던 설이의 눈에 커다란 나무 한 그

루가 들어왔어요. 나무는 아주 커서 담장 너머 안채까지 뻗어 있었지요. 산에서 놀며 자란 설이에게 나무 타기는 식은 죽 먹기였어요.

설이는 높은 가지를 타고 조심조심 담을 넘어 안채로 들어갔어요. 그런 다음 재빨리 담장 밑 수풀에 몸을 숨겼어요. 고개를 빼꼼 내밀어 보니 넓고 깨끗한 방에 두 남자가 앉아 있는 것이 보였어요.

'저기가 의원님 계신 곳인가?'

설이의 짐작대로 한 사람은 의원이고 다른 한 사람은 환자였어요. 그런데 의원의 얼굴을 본 설이가 눈을 크게 떴어요. 유명한 의원이라고 해서 할아버지일 줄 알았는데 아직 얼굴에 수염도 안 난 도령이었어요. 설이는 주변을 휘휘 살핀 다음 쪼르르 달려가 의원이 있는 방 옆 기둥에 몸을 숨겼어요.

의원이 차분한 목소리로 나이가 지긋한 환자에게 물었어요.

"찬 음식을 많이 드시고 설사도 잦으시지요?"

"그걸 어찌 아셨습니까?"

"낯빛에 찬 기운이 들었군요. 혓바닥과 눈동자 색을 보니 피로도 많이 쌓인 것 같습니다. 크게 신경 쓸 일이 있으셨나 봅니다."

"맞아요. 요즘 딸아이 혼사 문제가 있었습니다."

"기침 소리를 듣자하니 가슴도 막혀 답답하시군요. 혹시 잠을 잘 못 주무시지 않는지요."

"어허, 그걸 어찌 안단 말입니까!"

의원의 설명에 환자는 놀란 얼굴이 되었어요. 설이는 의원의 말에 고개를 갸웃했어요.

'흐응, 왠지 범인 잡는 사또님 같아. 정말 꼬치꼬치 캐묻네.'

이윽고 의원은 환자의 손목에 자신의 손가락을 올렸어요.

"문진이 끝났으니 맥진을 봐야겠군요."

의원은 잠시 눈을 지그시 감고 환자의 오른손, 왼손을 번갈아 짚더니 다시 눈을 떴어요.

"기가 많이 허한 상태입니다. 오늘은 침 치료를 하겠습니다. 손과 발에 침을 놓을 테니 버선을 벗어 주시지요."

그때였어요. 부쩍 추워진 날씨에 오들오들 떨던 설이가 재채기를 하고 말았어요. 그 소리에 환자도 의원도 깜짝 놀랐지요. 의원은 화가 나서 설이가 숨어 있는 기둥 쪽으로 소리쳤어요.

"진료 시에는 안채에 얼씬대지 말라 했거늘! 썩 나오너라!"

하지만 설이의 모습을 본 의원은 놀란 얼굴이 되었어요.

설이는 바닥에 넙죽 엎드리고는 용서를 구했어요.

"죄송합니다, 의원님. 꼭 만나 뵙고 싶어서 어쩔 수 없이……."

설이가 자초지종을 말하려는데 의원이 먼저 환자에게 설명했어요.

"저 아이는 종의 딸 자식이온데 잠시 길을 잘못 들었나 봅니다."

의원의 거짓말에 설이는 놀라서 고개를 들었어요. 의원은 태연하게 설이를 향해 말했어요.

문진과 맥진

의원들은 본격적으로 치료를 하기 전에 오감을 사용해 진단을 내렸어요. 대표적인 진단법으로 문진과 맥진이 있어요.

맥진

병을 치료하기 전에 손목을 짚어 보는 것은 꼭 필요한 진단법이에요. 우리 손목에는 '맥'이 있는데, 심장이 뛰는 속도인 맥박을 뜻해요. 맥박은 평상시에는 정상적으로 뛰지만 질병에 걸리면 불규칙해지지요. 명의들은 맥을 짚어 몸에 어떤 질병이 있는지 알아냈어요.

문진

몸 안을 들여다보는 엑스레이(x-ray) 같은 장비가 없던 옛날에는 환자의 겉모습을 살피고 대화를 통해 병을 짐작하는 일이 매우 중요했어요. 이처럼 겉모습과 질문을 통해 병을 진단하는 것을 '문진'이라고 해요. 훌륭한 의원들은 환자의 얼굴색과 목소리, 냄새만으로도 어느 정도 병의 상태를 맞췄다고 해요.

"이 녀석, 별당으로 가는 길은 저쪽이거늘 아직도 길을 헤매느냐. 진료가 끝날 동안 저 물푸레나무 아래에 있어라. 이따 혼내 줄 테니."

의원은 '괜찮으니 거기서 기다리렴.' 하듯 눈을 찡긋해 보였어요.

'아, 나를 쫓아내지 않으시려나 봐!'

설이는 입을 꼭 다물고 물푸레나무 아래로 갔어요. 의원이 침을 놓는 모습을 숨죽여 지켜보던 설이는 긴장이 풀려 깜빡 잠이 들고 말았지요. 설이가 눈을 뜬 것은 한밤중이 다 되어서였어요. 그런데 분명히 나무 아래에서 떨면서 잠이 들었는데 눈을 떠 보니 포근한 이불 속이었어요. 주변을 둘러보니 옆에 의원이 앉아 있었어요. 설이가 놀라서 벌떡 일어나려고 하자 의원이 말렸어요.

"일어났구나. 땀을 식히지 말고 그대로 누워 있어라. 고뿔(오늘날 '감기'를 일컬음)에 걸렸더구나. 이렇게 열이 오를 때는 몸을 덥혀 땀을 흘리는 게 상책이지. 여봐라! 방에 군불을 더 때거라!"

의원이 외치자 바깥에서 "예!" 하는 대답이 들려왔어요. 이부자리가 뜨거울 정도로 바닥이 지글지글 끓고 있었지만 이상하게도 설이는 몸이 시원해지는 느낌이었어요.

"이름이 설이라고? 동생의 병 때문에 나를 찾아왔다니 제대로 찾아왔구나."

"그걸 어떻게 아셨어요?"

설이가 놀라며 묻자 의원이 손에 쥔 편지를 보여 주었어요.

"이 편지를 읽었지. 이 글을 쓰신 분은 내게 글공부를 가르쳐 주신 서당 스승님이시다. 너를 잘 부탁한다고 하시더구나. 그리고 이 책은……."

의원은 설이의 천자문 책을 살펴보았어요.

"평민 아이인데 글을 아느냐?"

설이는 얼굴을 붉혔어요.

"예, 틈틈이 공부했지만 아직 잘은 몰라요."

의원은 설이를 바라보며 미소를 지었어요.

"기특하구나. 공부에 열심인 걸 보니 장차 훌륭한 사람이 될 것이다. 그래도 천릿길도 한 걸음부터이니 네 고뿔부터 잡자꾸나."

의원은 길쭉한 나무통에서 무언가를 꺼내 들었어요. 자세히 보니 여러 개의 바늘이었지요. 긴 것도 있고 짧은 것도 있고 길이가 제각각이었어요. 의원은 그중에서 작은 바늘 하나를 집었어요. 그러고는 손에 든 바늘을 설이의 손가락과 발가락에 거침없이 꽂았어요.

"아얏!"

설이가 놀라 소리쳤지만 잠시만 따끔할 뿐 그리 아프지는 않았어요. 의원이 이번에는 작은 솜뭉치를 꺼내 설이의 손바닥 위에 올려놓고 그 위에 작은 불씨를 놓았어요.

설이는 이 솜뭉치가 말린 쑥을 뭉쳐 놓은 것이라는 걸 알 수 있었어요. 조금씩 타면서 은은한 쑥 향기가 났거든요. 많이 뜨겁지 않을까 걱정했지만 걱정과 달리 조금 뜨거울 뿐이었어요.

"이 침과 뜸이 열을 내려 줄 테니 잘 자고 일어나면 내일은 가뿐할 거다."

설이는 갑자기 모든 일이 꿈처럼 여겨졌어요. 이 분은 양반만 치료해 준다는 의원인데 말이에요.

"사람들이 의원님은 양반만 치료해 주신다고 했는데……."

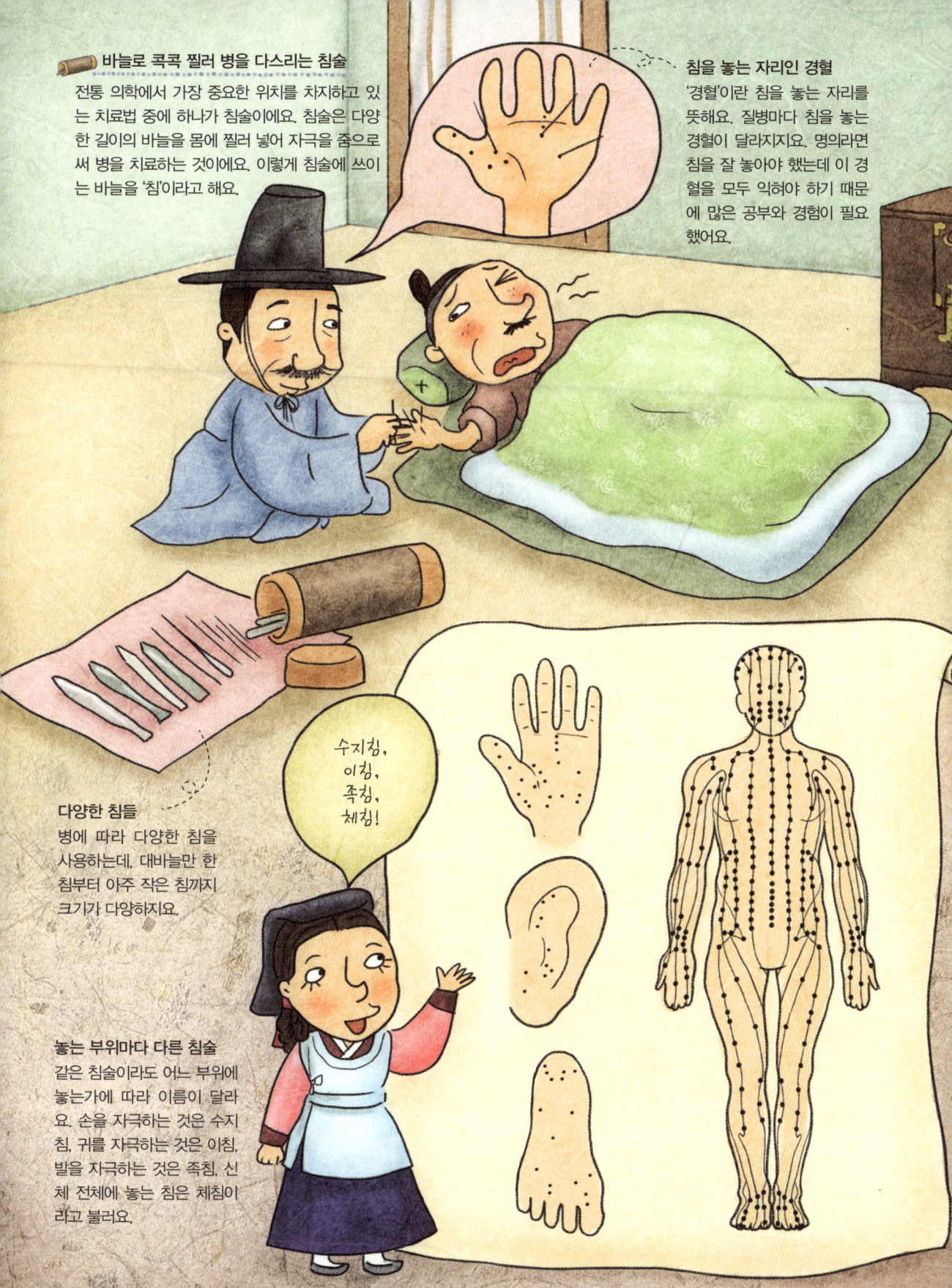

설이의 말에 의원이 빙긋 웃었어요.

"차차 알게 될 거다. 여기서는 양반 집 도령이라는 신분 때문에 어쩔 수 없지만 늘 양반만 치료하는 건 아니란다."

의원은 손을 이부자리 밑에 넣어 방바닥이 뜨거운지 살피며 말했어요.

"미리 말해 두겠다만 내일부터 내 조수를 하는 건 어떻겠니? 스승님의 심한 멀미를 고쳐 주었다니 나도 보답을 해야지."

"예? 정말인가요?"

약쑥을 태워 병을 치료하는 뜸

뜸도 침과 비슷하게 경혈에 놓지만 침의 뾰족한 끝으로 자극하는 것이 아니라 쑥을 태울 때 나오는 뜨거운 열기로 자극하는 치료 방법이에요.
뜸을 뜰 때는 작고 단단하게 만든 쑥 뭉치를 손바닥이나 몸 위에 올려 놓아요. 아주 뜨겁게 해서 가벼운 화상을 입히는 것부터 가볍게 온기만 데워 주는 방법까지 쑥을 태우는 방법도 다양해요.

"어허, 왜 이리 의심이 많니? 하지만 세상에 공짜는 없는 법! 네가 도와줄 일이 아주 많을 거야."

설이는 벌떡 일어나 큰절을 올리려 했어요.

"어허, 누워 있으래도."

설이는 다시 재빨리 이불을 덮고 누웠어요. 의원이 자리에서 일어서려는데 설이가 물었어요.

"저, 의원님 성함은 뭐예요? 그냥 의원님이라고 부르면 되나요?"

그 말에 의원은 싱긋 웃었어요.

"의원은 환자를 고치는 사람일 뿐 이름 같은 게 왜 필요하겠니. 지금처럼 의원님이라고 부르면 된단다."

의원이 나간 뒤 설이는 이불을 꽁꽁 덮고 눈을 감았어요. 문득 설이를 걱정하고 계실 어머니와 아버지 얼굴이 떠올랐어요.

당장 이 기쁜 소식을 전하고 싶었지만 그럴 수 없는 상황이 안타까웠어요. 하지만 설이는 느낌으로 알 수 있었어요. 멀리 떨어져 있어도 부모님이 설이의 마음을 다 알고 있다는 것을 말이에요.

분명히 바람과 새가 좋은 소식을 저 멀리 섬까지 날아가 알려 주었을 거예요. 설이는 기쁜 마음으로 깊은 잠에 빠져들었어요.

설이의 의학 공부
꾹꾹 누르기만 해도 아픈 게 낫는 지압법

지압은 별다른 도구 없이 손가락이나 젓가락 등으로 손바닥을 누르기만 해도 효과를 볼 수 있는 진통 치료법이에요. 손바닥에는 몸의 오장육부와 신경들이 연결되어 있거든요. 몸이 불편하다면 각 지압점을 찾아 꼭꼭 눌러 보세요.

피곤할 때
약지 끝은 피로 회복에 효과가 있는 지압점이에요. 피곤하고 졸릴 때 약지 끝을 누르면 기분이 상쾌해지지요.

배가 아플 때
옛 어른들은 갑자기 체했을 때 손바닥 가운데를 꾹꾹 눌러 응급 처치를 했어요. 손바닥 가운데 부분은 위장이나 대장과 연결된 부위거든요. 또한 배가 아플 때도 이 부위를 꾹 눌러 주면 신기하게도 배의 아픔이 가라앉아요.

비손과 주술
병을 쫓는 기도

간밤에 깊은 잠을 잔 설이는 아침 일찍 기지개를 쭉 펴며 자리에서 일어났어요. 어젯밤 의원은 설이에게 몰래 귀띔을 했어요.

"미리 말해 둘 게 있다. 내일부터 먼 길을 떠나야 하니 새벽닭이 울기 전에 일어나 기다리거라."

모두가 잠든 어둑어둑한 새벽, 설이는 길 떠날 채비를 했어요. 머리를 빗고 보따리를 챙기는데 누군가 밖에서 설이를 불렀어요.

"설아, 준비되었니?"

의원의 목소리였어요. 조심스레 문을 연 설이는 깜짝 놀랐어요. 의원은 의원인데 비단옷이 아닌 평민 옷을 입은 도령이었지요.

설이가 놀라자 의원은 태연하게 대답했어요.

"좋은 옷을 입고 산을 넘으면 산적들이 쫓아오지 않겠니."

설이를 방에서 데리고 나온 의원은 하인들이 깨지 않게 조용히 집을 빠져나왔어요. 설이는 의원이 몰래 길을 나서는 중이라는 걸 금방 알아챘지요.

귀한 양반집 도령이 왜 밤도둑처럼 몰래 집을 빠져나와야 하는지, 왜 허름한 옷을 입고 있는지 궁금했지만 입을 꾹 다물었어요. 언젠가 의원이 그 이유를 말해 줄 거라 믿으며 말이에요.

해가 떠오르고 동이 트자 두 사람 앞에 산 하나가 나타났어요. 의원이 땀을 닦으며 산을 가리켰어요.

"저 산을 넘어야 마을이 있다. 걷기 힘들지 않니?"

"저는 산에서 컸는걸요. 의원님은 괜찮으시겠어요?"

의원은 헛기침을 하며 허리를 쭉 폈어요.

"사내대장부가 저 정도 산도 못 넘으면 어찌 큰일을 해내겠니?"

하지만 해가 중천에 떠오를 무렵 "아이고, 다리야." 하며 자리에 먼저 주저앉은 사람은 의원이었지요.

그때 설이가 먼저 마을 입구를 발견하고 크게 소리쳤어요.

"의원님! 저기 마을이 있는 것 같아요. 저 나무 좀 보세요!"

설이는 재빨리 달려가 마을 입구의 커다란 나무 앞에 섰어요. 그러고는 고개를 뒤로 젖혀 나무를 올려다보았지요. 정말로 몇 아름은 될 것 같은 커다란 나무였어요. 가지에는 빨갛고 노랗고 하얀 천들이 바람에 나부끼고 있었고, 커다란 둥치는 세월에 검게 변해 있었어요. 게다가 나무 옆에 커다란 돌무더기가 쌓여 있는 모습이 신기했어요.

"이건 신목이라고 불리는 나무야. 이 돌무더기는 서낭당이라고 한단다. 서낭당은 마을 입구에서 마을을 지켜 주는 수호신을 모셔 놓은 곳이지. 사람들은 서낭당이 나쁜 일을 막아 준다고 믿어서 가뭄이 들거나 홍수가 나거나 병에 걸리면 이곳에 정성을 다해 기도를 올린단다."

의원이 주변을 둘러보더니 돌 세 개를 주워 설이에게 건넸어요.

"서낭당 돌무더기 위에 이 돌을 얹고 세 번 절하고 세 번 침을 뱉으렴. 그러면 수호신이 나쁜 일을 막아 주고 행운을 가져다줄 거야."

설이는 의원이 시키는 대로 돌 세 개를 얹고 세 번 절한 다음 침을 뱉었어요. 그리고 눈을 감고 명이의 병을 낫게 해 달라고 간절히 빌었어요.

그러자 설이의 머릿속에 익숙한 풍경 하나가 떠올랐어요. 서낭당은 아니었지만 설이의 어머니도 매일 뒤뜰에서 맑은 물과 과일을 차려 놓고 정성스레 기도를 드렸어요. 하루는 궁금해진 설이가 무얼 하는지 묻자 어머니가 대답했어요.

"산신령님께 명이의 병을 낫게 해 달라고 비손을 하는 중이란다."

설이가 어머니의 말을 들려주자 의원이 고개를 끄덕였어요.

정성스러운 기도로 질병을 치료하는 비손

'비손'은 손으로 비빈다는 뜻에서 유래되었어요. 옛날 사람들은 나쁜 귀신이 집 안으로 들어와 병을 퍼뜨리고 나쁜 일을 일으킨다고 생각해서, 가족 중에 병이 있거나 집안에 좋지 않은 일이 있으면 비손을 했어요.

비손을 하는 건 복잡하지 않아요. 조용하고 깨끗한 장소에 간단한 상을 차리고 손을 비비며, 나쁜 귀신을 물리쳐 달라고 기도를 올리는 거예요.

하지만 정성을 다해 빌어야 귀신이 물러간다고 생각했기 때문에 하루 이틀이 아니라 오랫동안 매일 빠짐없이 비손을 해야 했어요.

"그래, 나도 어릴 때는 몸이 약해서 어머니께서 비손을 자주 하셨지. 어찌 보면 비손을 해서 병이 낫는 건 가족을 사랑하는 어머니의 마음이 만들어 내는 기적일지도 모르겠구나."

두 사람은 서낭당을 지나 마을로 들어갔어요. 의원은 설이를 구부러진 황톳길 너머 작은 초가집 앞으로 데려갔어요.

두 사람이 싸리문 안을 기웃거리는데 이제나저제나 목을 빼고 기다리고 있던 젊은 사내가 싸리문을 박차고 나왔어요.

"의원님! 다시 찾아 주셨군요!"

반갑게 맞이하는 사내에게 의원이 말했어요.

"먼 길을 가던 길에 잠시 들렀습니다. 따님의 병은 좀 나아졌습니까?"

그 말에 사내는 함박웃음을 지었어요.

"예, 의원님 덕분에 위험한 고비는 넘겼습니다요."

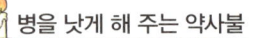

병을 낫게 해 주는 약사불

아무리 치료해도 잘 낫지 않는 병에 걸린 환자는 절에 있는 약사불을 찾기도 했어요. 약사불은 불교의 불상 중에 왼손에 약단지를 든 불상이지요. 이 약사불은 가난한 백성들의 질병을 고쳐 준다고 알려져 있어서 많은 환자 가족들이 약사불에 기도를 올렸지요.

그때 방문이 열리며 누군가가 모습을 드러냈어요. 방 안에서 나온 사람은 회색 승복을 점잖게 차려 입고 목에 염주를 한 나이 지긋한 스님이었어요. 스님은 댓돌로 내려오더니 의원 앞에 섰어요.

"오셨습니까, 의원님. 아이가 많이 건강해졌습니다. 모두 의원님 덕분입니다."

스님이 두 손을 모아 합장하자 의원도 마주 합장을 했어요.

"아닙니다, 스님의 기도 덕분이지요. 스님 기도가 영험한 것은 세상 사람들이 다 알고 있습니다."

두 사람은 서로에게 공을 돌렸어요. 잠시 후 의원은 설이를 모두에게 소개해 주었어요.

"이 아이는 저의 조수입니다. 아버지가 실력 있는 약초꾼이니 도움이 될 것입니다. 이름은 설이라 합니다."

자신을 조수라고 소개하는 의원의 말에 설이는 부끄러워 얼굴이 빨개졌어요. 스님도 젊은 사내도 기특하다는 듯 설이를 바라보았어요.

"이렇게 어린아이가 명의의 조수라니 뭔가 훌륭한 자질이 있는가 보군요."

설이는 수줍었지만 싫지는 않았어요. 정말로 의원에게 도움이 될 수 있다면 좋겠다고 생각했어요.

그때 방 안에서 가냘픈 여자아이의 목소리가 들려왔어요.

"아버지, 손님이 오셨어요?"

그러자 젊은 사내가 기쁜 목소리로 크게 답했어요.

"그래, 너를 낫게 해 주신 의원님이 오셨단다."

의원과 설이가 방문을 열고 들어서자 병석에 누운 소녀가 반가운 얼굴로 두 사람을 맞이했어요. 설이와 비슷한 또래였지만 오랫동안 아팠는지 얼굴이 창백했어요. 그 모습을 보니 설이는 명이가 떠올랐어요.

의원과 다정하게 인사를 나눈 소녀가 이윽고 호기심 어린 눈빛으로 설이를 쳐다보았어요.

"안녕, 나는 설이라고 해."

설이가 먼저 인사를 건네자 소녀도 인사를 건넸어요.

"안녕? 나는 순덕이야."

설이는 금방 순덕이가 마음에 들었어요. 비록 아파서 창백한 얼굴이었지만 그 얼굴에 떠오른 웃음만큼은 보름달처럼 환했거든요.

설이는 의원이 순덕이의 진맥을 짚어 보는 동안 꼼짝 않고 곁을 지켰어요. 의원이 곁에 있는 설이에게 부탁했어요.

"지금부터 탕약을 끓일 텐데 도와줄 수 있겠니?"

"예! 제가 먼저 부엌에 가서 준비하고 있을게요."

설이는 기다렸다는 듯 쏜살같이 부엌으로 달려갔어요. 어머니에게 탕약 끓이는 법을 배워 두길 잘했다고 생각했어요. 설이는 순덕이네 아버지가 가져다준 장작을 솜씨 좋게 아궁이에 차곡차곡 넣고 불을 피웠어요.

잠시 후 마른 장작이 활활 타면서 부엌 공기도 따뜻해졌어요. 의원이 손에 작은 항아리를 들고 부엌으로 왔어요.

"탕약을 끓일 때 쓸 물이란다. 스님께서 가져다주신 물이지."

설이는 스님께서 가져다주신 물이면 뭔가 특별한 물일 거라고 생각했어요.

"보통 물하고는 다른가요?"

설이의 물음에 의원이 고개를 끄덕였어요.

"그렇단다. 물이 가장 맑은 시간인 새벽에 산속의 샘에서 떠 온 물이야. 좋은 물을 쓰면 약효도 좋아지지."

설이는 물이면 다 같은 물일 텐데 좋은 물을 쓰면 약효가 더 좋아진다는 말에 고개를 갸웃거렸어요. 의원이 약재들을 탕기에 넣으며 설명해 주었어요.

"보기에는 다 같아 보여도 물은 뜨는 장소와 시간마다 그 효능이 다르단다. 좋은 물이야말로 좋은 탕약의 기본이지. 똑같은 음식을 먹어도 정성으로 만든 음식이 몸에 더 좋듯이 스님께서 정성으로 뜬 물을 쓰면 탕약도 그 효험이 더 좋을 수밖에 없지."

그러고 보니 어머니도 탕약을 끓일 때 항상 산에서 맑은 물을 떠다가 온종일 불 앞을 지키며 약이 잘 우러나는지 타지는 않는지 살피곤

했어요.

설이는 앞으로 더 많은 것을 배우고 알아갈 것을 생각하니 새삼 가슴이 두근거렸지요.

"왠지 의원님이 하신 말씀을 이해할 것 같아요. 약은 사람의 병을 고치는 것이니 좋은 재료와 지극한 정성이 어우러져야 최고의 약이 된다는 말씀이지요?"

의원이 흐뭇하게 미소를 지으며 고개를 끄덕였어요.

"그렇지. 훌륭한 의원도 마찬가지다. 환자를 정성으로 대하는 마음을 가져야 진정한 명의라고 할 수 있지."

금세 탕기가 바글바글 끓기 시작했어요. 의원은 계속 불을 조절하며 탕기를 살폈어요.

"지금부터는 약이 잘 우러날 때까지 기다리고 돌봐야 한다. 내가 약을 볼 터이니 너는 방에 가서 순덕이의 말동무라도 되어 주거라. 병자의 마음을 위로해 주는 것 또한 귀한 약과 다르지 않단다."

안 그래도 순덕이와 이야기를 나누고 싶었던 설이는 흔쾌히 순덕이가 누워 있는 방으로 향했어요. 문을 빼꼼 열고 들여다보니 순덕이가 먼저 말을 건넸어요.

"어서 들어와, 설이야. 기다리고 있었어."

설이는 방문을 닫고 순덕이의 곁에 얌전히 앉았어요.

"의원님이 너한테 줄 탕약을 끓이고 계셔. 정성과 사랑으로 끓이는 탕약이래. 그걸 먹으면 꼭 병이 나을 거야."

설이의 다정한 말에 순덕이의 눈이 반짝 빛났어요.

"응, 꼭 그럴 거야. 그렇지 않으면 부모님께 너무 죄송한걸. 한때 우리 집은 땅도 가지고 있고 살 만했지만 나 때문에 굿을 하려고 땅까지 팔아야 했대. 병이 나으면 열심히 일을 해서 아버지의 땅을 되찾아 드릴 거야."

설이는 고개를 끄덕이며 순덕이의 손을 잡아 주었어요.

"그럴 수 있을 거야. 언젠가 우리 아버지가 이런 말씀을 해 주셨어. 낫겠다는 의지가 강한 사람은 어떤 병도 이겨 낼 수 있다고."

순덕이의 얼굴이 환해졌어요.

"와, 신기하다. 의원님도 그렇게 말씀해 주셨거든."

설이는 사람의 마음속에는 병을 다스리는 힘이 있는데 그 힘은 눈에 잘 보이지 않아서 다들 모르는 거라고 생각했어요. 설이는 순덕이에게 아버지와 약초를 캐러 다녔던 일, 사계절마다 다른 모습으로 설이를 반겨 주는 산에 대해 이야기해 주었어요. 순덕이의 얼굴에 웃음꽃이 필 때마다 설이는 순덕이의 병이 낫고 있다고 생각했어요.

두 사람이 시간도 잊고 재잘재잘 이야기를 나누는데 갑자기 순덕이가 얼굴을 찡그렸어요.

"또 배가 아파. 저녁이 되면 항상 그러네."

순덕이가 다시 얼굴을 찡그렸어요. 설이는 순덕이에게 물을 먹여 주었지만 순덕이는 몸을 떨면서 눈을 감았어요. 그때 설이는 순덕이의 아픈 배에 가만히 손을 올려놓았어요.

"나도 가끔 배가 아플 때가 있는데 그럴 때마다 할머니가 이렇게 배 위에 손을 얹고 문질러 주셨거든. 그러면 신기하게도 아픈 게 사라졌어."

순덕이도 반가운 얼굴로 말했어요.

"나도 엄마가 종종 그렇게 해 주셨어. 그걸 약손이라고 한대."

"응, 눈에 보이지는 않지만 사랑이 가득한 손은 아픈 걸 낫게 하는 것 같아."

신기하게도 얼마 안 가 순덕이의 얼굴이 편안해졌어요. 순덕이가 눈을 동그랗게 뜨며 말했어요.

"와, 신기하다. 진짜 아픈 게 사라졌어."

"그러면 내 손도 약손인 거야?"

두 사람은 마주보며 크게 웃었어요. 뉘엿뉘엿 해가 넘어갈 무렵 순덕이 아버지도 방 밖에서 아이들의 웃음소리를 들으며 빙긋 미소를 지었어요.

그 순간, 부엌에서 환호성이 들려왔어요.

"자아, 다 됐다! 순덕이의 병을 고칠 명약이로다!"

의원의 목소리가 얼마나 컸던지 순덕이의 방까지 쩌렁쩌렁 울렸어요. 항상 점잔 빼던 의원이 신 나서 외치는 소리를 듣자 설이도 순덕이도 배를 잡고 웃었지요.

이제 곧 순덕이는 의원이 정성껏 달인 탕약을 먹고 병이 나을 거예요. 설이와 순덕이는 병이 나으면 다시 꼭 만나자고 새끼손가락을 걸고 약속했어요. 향긋한 탕약 냄새가 피어오르는 저녁이 그렇게 흘러가고 있었어요.

설이의 의학 공부
정성으로 길면 약이 되는 물

우리 조상들은 물을 아주 중요하게 여겼어요. 《동의보감》에 따르면 '사람에 따라 몸이 살찌고 마른 것이나 수명의 길고 짧음은 마시는 물에 그 원인이 있다.'라고 하여 무려 33가지의 물을 소개하고 있어요. 그중에 대표적인 몇 가지를 살펴보아요.

한천수
차갑고 맑은 샘물을 뜻해요. 닭 울음소리가 들리기 전에 길어 와 독에 붓지 않고 그대로 약을 넣어 달이면 위장병에 좋은 효과가 있다고 해요. 또한 대소변을 잘 보게 하고 옻독이 오른 피부를 씻는 데도 좋다고 해요.

> 한천수는 위장병, 피부병, 변비에 좋아.

> 내가 일등이네!

정화수
이른 새벽에 처음 길은 우물물로, 약이 되는 물 중에 으뜸으로 여겼어요. 정화수는 약이나 차를 달일 때 많이 썼는데, 입에서 냄새가 나는 것을 없애고 얼굴빛을 좋아지게 하는 데 효험이 있다고 해요.

혜민서와 활인서
백성들을 위한 조선 시대의 보건소

다음 날 아침, 설이와 의원은 순덕이와 아쉬운 작별 인사를 하고 다시 길을 나섰어요. 이번에는 의원이 길을 나서기 전에 미리 목적지를 말해 주었어요.

"오늘은 한양 중심부에 있는 혜민서에 갈 거란다."

"혜민서요?"

설이는 처음 들어보는 이름이라 고개를 갸웃했어요.

"혜민서는 가난한 백성들이 무료로 병을 치료 받을 수 있도록 임금님이 마련해 준 곳이지. 나중에 명의가 되면 이런 곳에서 일하는 게 내 꿈이다."

꿈을 이야기하는 의원의 얼굴이 밝게 빛났어요.

"의원님은 왜 굳이 의원이 되신 거예요? 양반으로 태어나셨으니 과거 시험을 봐서 높은 벼슬에 오르실 수도 있잖아요."

설이의 말에 의원이 크게 웃었어요.

"너도 내 아버님과 같은 말을 하는구나. 내가 의원이 된다고 하면 아버님께서는 신분에 어울리지 않는 일을 한다며 화를 내시지."

설이는 의원이 아픈 사람을 고쳐 주는 훌륭한 직업이라고 생각했지만 의원의 아버지 마음도 이해가 되었어요.

"대감 어르신은 의원이 되는 것보다 높은 벼슬에 오르는 게 더 훌륭한 일을 하는 거라고 생각하실 수도 있잖아요."

조선 시대 중인 계급인 의원

조선 시대는 철저한 계급 사회였어요. 가장 높은 계급인 양반, 그 다음 계급인 중인, 대부분의 일반 백성들이 속해 있던 상민, 가장 낮은 계급인 천민으로 나눠졌지요. 그중에 의술을 펼치는 의원은 중인 계급에 속했어요. 중인 계급은 양반보다는 낮은 계급이지만 기술 방면에 뛰어난 사람들이 많았어요. 지금은 훌륭한 직업이라고 여겨지는 의사 일도 당시에는 잡학 기술에 속했기 때문에 양반이 의원이 되는 일은 거의 찾아보기 어려웠어요.

그 말에 의원의 얼굴이 조금 슬퍼졌어요.

"그럴 수도 있겠지. 어쨌거나 신분 때문에 하고 싶은 일도 마음껏 하지 못하는 현실이 답답하구나."

설이는 양반집 아들로 태어나는 것이 항상 행복한 일만은 아니라는 생각이 들었어요. 한참을 걷자 한양의 길고긴 저잣거리가 모습을 드러냈어요. 거리는 물건을 팔러 나온 상인들과 물건을 사러 나온 손님들로 북적댔어요. 의원이 뒤돌아 보며 설이에게 말했어요.

"들를 데가 있으니 따라오너라."

의원이 설이를 데려간 곳은 저잣거리 중심에 자리 잡은 커다란 약방이었어요. 설이의 눈을 단번에 사로잡은 것은 좌판 가득 펼쳐진 약재들이었어요. 안쪽에서는 사람들이 약재를 썰고 환약을 만드느라 분주했어요.

의원이 들어서자 그중에 가장 나이가 많아 보이는 노인이 뛰어나왔어요.

"의원님, 오셨습니까요."

"잘 계셨습니까, 어르신. 부탁드린 약재는 준비가 되었는지요."

"의원님이 주신 처방대로 벌써 마련해 두었지요. 여기 있습니다."

노인이 단단하게 싼 약첩을 의원에게 건넸어요.

"이곳에 들르는 분들마다 의원님의 처방전을 보고는 칭찬이 자자합니다. 장차 큰 명의가 되실 겁니다."

한양의 약방 거리
조선 시대에 약재를 파는 약방은 한양을 중심으로 발달했어요. 특히 조선 시대의 보건소라고 할 수 있는 혜민서를 중심으로 모여 있었지요.

약방의 역할
약방은 처음에는 궁궐이나 혜민서 같은 국가 기관에 약을 공급하는 일을 맡다가, 서서히 일반 사람들에게도 약을 팔기 시작했어요. 또한 약방에서는 종종 약을 파는 것 외에 아픈 사람들을 치료하는 일도 겸했어요.

약방의 개원
조선 시대에 약은 아주 귀한 물품이었기 때문에 아무나 약방을 열 수 없었어요. 약방을 열려면 반드시 심사를 거쳐 나라의 허락을 얻어야 하고, 이를 어기면 벌을 받았어요.

"과한 칭찬이십니다. 앞으로도 배울 것이 너무 많습니다."

작은 섬에서 살던 설이에게 커다란 약방은 새로운 세상처럼 느껴졌어요. 설이는 눈을 반짝이며 약재들을 둘러보다가 감초 하나를 집어 냄새를 맡아 보았어요.

"와, 향기가 너무 좋아요! 이런 감초 향기는 처음이에요!"

기뻐하는 설이를 본 노인이 흐뭇하게 수염을 쓸었어요.

"이곳 약재들은 모두 최상품이란다. 우리나라 약재는 저 먼 중국과 일본에서도 아주 유명하지. 좋은 약재가 만들어지려면 좋은 재료를 채취해 잘 다듬고 정성을 다해 말리고……. 아주 손이 많이 간단다. 이 감초도 정성이 크게 든 약재지."

"이 아이의 부친도 약초 캐는 일을 한답니다."

의원의 말에 노인이 놀란 표정을 지었어요.

"오, 그래서 좋은 냄새도 구별할 줄 알았던 게로구나."

노인은 설이가 기특한 듯 칭찬을 해 주고, 주머니에서 엿을 꺼내 주었어요.

"이 감초로 만든 엿이란다. 입이 심심할 때 먹으렴."

설이는 큰 소리로 인사하고 공손히 엿을 받았어요. 손을 흔들어 주는 약방 노인을 뒤로 하고 두 사람은 곧바로 혜민서로 향했지요.

향긋한 감초 엿을 나누어 먹으며 발걸음을 서두르는데 의원이 싱글벙글 웃으며 앞장서 갔어요. 설이는 들떠 보이는 의원을 보며 생각했어요.

'감초 엿이 너무 맛있어서 그러시나?'

그러나 혜민서에 들어선 설이는 웃고 말았어요. 의원이 왜 그렇게 신이 났는지 알 것 같았기 때문이에요. 혜민서 마당에 들어서니 예쁜 옷에 앞치마를 두른 여인들이 가장 먼저 눈에 띄었거든요.

'혜민서에는 예쁜 언니들이 정말 많네. 뭘 하고 있는 걸까?'

설이는 분주하게 돌아다니는 여인들의 모습을 넋이 나간 듯이 바라보았어요. 마당 한가운데에 이르자 의원이 말했어요.

"여기가 바로 혜민서란다. 가난한 백성들을 위해 약을 짓고 병을 치료해 주는 곳이지. 또한 의생과 의녀들이 교육을 받는 곳이기도 해."

"의생과 의녀요?"

"의생이란 장차 의원이 될 예비 의원들이고, 의녀란 의술을 펼치는 여인들을 말하지."

"그러면 저 언니들도 의녀인가요?"

의원이 고개를 끄덕였어요. 설이는 의원은 남자만 할 수 있는 일이라고 알고 있었는데 깜짝 놀랐어요.

"정말 여자도 의원이 될 수 있나요?"

의원이 다시 고개를 끄덕이며 말했어요.

"그렇단다. 의술이 남자들의 일이라고는 하나, 의녀들 또한 없어서는 안 되지. 심지어 어떤 의녀들은 남자 의원보다 더 뛰어난 실력을 가지고 있단다."

설이는 왠지 가슴이 부풀어 올랐어요. 약초꾼도 좋지만 직접 병든 사람들을 고쳐 줄 수 있는 의녀가 되는 것이 더 멋져 보였거든요.

그때 누군가 혜민서 안으로 다급하게 뛰어 들어오는 바람에 설이는 입을 다물 수밖에 없었어요.

혜민서 안으로 들어온 사람은 햇볕에 그을린 주름진 얼굴을 가진

조선 시대의 의료 기관

조선 시대의 의료 기관은 크게 내의원과 전의감, 혜민서 세 가지로 구분할 수 있어요. 이 세 의료 기관은 왕실 산하의 국가 기구로 국가 전반의 의료와 관련된 활동을 했어요. 이 세 기관을 합쳐서 '삼의사'라고 불렀는데, 그 역할은 각각 달랐어요.

내의원
왕과 왕족의 건강을 책임지고 질병을 치료하는 기구예요. 궁궐 안 창덕궁 근처에 상주해서 밤이나 낮이나 임금님과 왕실 사람들의 건강과 병을 돌보았지요.

전의감
궁중에서 사용되는 약재를 준비해서 왕실에 공급하고, 임금이 하사하는 약재를 전달하는 일을 맡아서 보던 기관이에요. 또한 예비 의원인 의생들과 의녀들을 교육시키고, 의원이 되는 의과 시험을 치르는 일도 했지요.

혜민서
일반 백성들의 병을 치료하는 기관이에요. 가난하거나 천한 신분 때문에 의원을 찾지 못하는 백성들이 혜민서의 도움을 받았어요. 지금으로 치면 보건소 또는 국립병원과 비슷한 기관이에요.

농부의 아내였어요. 여인은 혜민서 안으로 들어오자마자 의녀들을 붙잡고 애원했어요.

"의녀님들, 부디 오셔서 제 남편을 살펴봐 주세요. 며칠 전부터 앓아 누워 거동조차 힘듭니다."

여인이 서럽게 울자 의녀들이 위로했어요.

"울지 마셔요. 지금 당장 침과 도구를 챙길 테니 잠시 기다려 주시겠어요?"

곧이어 한 의녀가 채비를 마치고 여인과 함께 길을 나섰어요. 그 모습을 바라보는 의원의 얼굴이 어두워졌어요.

"의술을 필요로 하는 사람들은 많은데 의술을 펼치는 사람은 적으니……."

두 사람은 혜민서의 넓은 마당을 지나 더 깊이 들어갔어요. 그때 의원을 알아본 의생 한 사람이 서둘러 다가왔어요.

"오십니까, 의원님. 안 그래도 금아 의녀님이 계속 기다리셨습니다."

그 말에 의원은 미안한 얼굴이 되었어요.

"다른 일을 돌보고 오느라 좀 늦었습니다. 의녀님은 어디 계십니까?"

"마을의 부인들을 돌보러 출타 중이십니다. 곧 돌아오실 터이니 잠시 들어와 차 한 잔 하시지요."

"그게 좋겠습니다."

의원과 설이는 의생을 따라 손님을 접대하는 방으로 들어갔어요. 잠시 후, 향기로운 차가 나오자 의원이 의생에게 물었어요.

"요즘 혜민서는 어떻습니까? 새로운 인재들이 많이 들어왔습니까?"

의원의 질문에 의생은 함박웃음을 지었어요.

"다행히도 그렇습니다. 의생이나 의녀의 꿈을 놓지 않는 이들이 아직 많은 것이 참 다행입니다."

그 말에 의원의 얼굴에도 미소가 떠올랐어요.

"지금 제 곁에도 훌륭한 의녀가 될 만한 재목감이 있지요. 설아, 인사 드리거라."

설이는 정중하게 인사를 올렸어요. 의생은 설이를 보고 즐거운 표정을 지었어요.

"이 어린아이가 말입니까? 얘야, 올해 몇 살이지?"

"열한 살입니다."

의생의 물음에 설이는 또박또박 대답했어요. 설이의 대답에 의생이 무릎을 쳤지요.

"이제 의녀 일을 해도 될 나이구나. 열심히 공부해서 혜민서에 다시 찾아 오거라."

의생의 말에 설이는 기분이 좋았어요. 자신도 모르게 의녀가 된 모습을 상상해 보았지요. 동에 번쩍 서에 번쩍 아픈 사람들을 찾아 다니며 치료하는 멋진 의녀의 모습이 떠올랐어요. 그러자 이번 여행이 정말로 감사하게 여겨졌어요. 만일 섬에만 머물러 바깥세상을 알지 못했다면 이런 기회가 있는 줄도 몰랐을 테니까요.

의생이 누군가를 가리켰어요.

"아, 금아 의녀님이 오시는군요. 그럼 저는 가 보겠습니다. 말씀 나누시지요."

설이가 돌아보니 마당을 가로질러 작은 보따리를 들고 이쪽으로 바삐 걸어오는 누군가가 보였어요. 모습이 점점 가까워지자 설이는 선녀를 본 줄만 알았어요. 초롱초롱한 눈빛에 당당한 걸음걸이를 가진 의녀 한 사람이 바람처럼 날아와 두 사람 앞에 섰어요.

"이렇게 다시 와 주셨군요, 의원님."

의원도 자리에서 일어나 정중하게 인사했어요.

"다시 뵈어서 기쁩니다, 의녀님. 더 일찍 찾아야 하는 것을 이렇게 늦었습니다. 역병은 좀 어떻습니까?"

기쁨으로 반짝이던 금아 의녀의 얼굴이 돌연 차분해졌어요.

"겨울이 지나면서 많이 수그러들었습니다. 오늘도 역병이 돌고 있는 마을로 진찰을 다녀온 길입니다. 손을 씻고 올 터이니 조금만 기다려 주시겠습니까."

금아 의녀가 사라지자 의원은 깊은 한숨을 내쉬었어요.

"다행히 큰 고비는 물러갔지만 아직 안심할 단계는 아닌 것 같구나."

"역병이 그렇게 무서운 병인가요?"

"그렇단다. 역병은 사람에서 사람으로 옮기는 병이라 철저한 관리가 필요하단다. 하지만 결국에는 널리 퍼지는 병이라서

호랑이보다 무서운 역병

역병이란 널리 퍼지는 전염병을 뜻하는데, 특히 조선 시대 후기에는 여러 시기에 걸쳐 퍼진 콜레라 때문에 수십 만 명이 사망했어요. 그 외에도 두창, 이질, 성홍열, 장티푸스 같은 다양한 전염병이 수많은 사람들의 목숨을 빼앗아갔어요.

환자들이 많이 나오게 되어 있지. 역병 관리는 본래 활인서라는 기관에서 맡는 일이지만 혜민서에서도 역병 관리를 돕는단다."

의원은 약방 노인에게서 받은 약첩을 다시 꺼내어 살펴보기 시작했어요.

"이 약이 역병에 과연 효과가 있을지 의문이구나."

열심히 약첩을 살피는 의원의 얼굴은 진지했어요. 설이는 이 넓은 곳에서도 역병에 걸리면 많은 사람이 죽어가는데 만일 설이가 사는 작은 섬에 전염병이 돈다면 어떻게 될지 상상만 해도 끔찍했어요.

설이는 자신이 만일 훌륭한 의녀가 된다면 섬마을 사람들을 병으로부터 구해 줄 거라고 다짐했어요.

'나도 의원님처럼 아픈 사람들의 병을 고치고, 역병도 치료하는 그런 사람이 될 거야. 무슨 일이 있어도 꼭 그렇게 될 거야.'

설이는 의원의 얼굴을 바라보며 마음을 단단히 먹었어요.

설이의 의학 공부
조선 시대의 보건소, 혜민서와 활인서

조선 시대에도 지금의 보건소와 비슷한 백성들의 의료 기관인 '혜민서'와 '활인서'가 있었어요. 혜민서와 활인서에서는 어떤 일들을 했는지 살펴보도록 해요.

질병 치료

혜민서의 '혜민'은 '백성에게 은혜를 베푼다.'라는 의미예요. 활인서의 '활인'은 '사람을 살린다.'라는 의미이지요. 이 이름처럼 혜민서와 활인서는 백성들을 치료하고 혜택을 베풀기 위한 관청인 만큼 병든 백성들을 돌보고 치료하는 역할을 했어요.

교육과 연구

병을 치료하기 위해서는 약재에 대해 연구하는 일이 꼭 필요했어요. 혜민서에서는 의생과 의녀를 교육하는 동시에, 질병 치료에 필요한 연구와 실험을 진행하기도 했어요. 요즘으로 치면 연구실과 함께 학교를 운영했던 셈이에요.

파견

혜민서와 활인서는 한양에 있었기 때문에 한양에 살지 않는 지방의 백성들은 혜택을 받기 어려웠어요. 그래서 혜민서에서는 지방에 의생들을 보내 지방에 사는 백성들의 질병을 돌보는 일을 했어요. 나아가 역병이 돌고 있는 지역에 의생과 의녀들을 파견해 신속하게 병을 다스리도록 했지요.

빈민 구제

혜민서가 주로 일반 백성들의 질병을 담당하는 관청이라면, 활인서의 성격은 조금 달랐어요. 활인서는 일반 백성들보다는 가족 없이 떠도는 병자들이나 빈민, 죄수들을 수용해 치료하는 역할을 했어요. 또한 가난한 백성들에게 음식과 옷을 나누어 주는 일도 맡았어요.

역병 관리

역병이 돌 때 임시로 병자들을 치료하는 막사를 지어 환자의 간호를 담당했던 것도 활인서의 역할이었어요. 또한 역병으로 죽은 사람들의 장례를 치러 주기도 했지요.

조선의 팔방미인
여의사들

　　　　　의원과 금아 의녀는 한참이나 이야기를 나누었어요. 대부분 역병과 관련된 이야기였지요. 의원이 금아 의녀에게 위로를 건넸어요.

"이럴 때일수록 더 힘을 내야 합니다. 앞으로 좋은 결과가 있을 것입니다."

금아 의녀도 크게 고개를 끄덕였어요.

"의원님의 말씀을 들으니 안심입니다."

설이는 두 사람의 이야기를 들으며 새삼 의술이 얼마나 중요하고, 사람들에게 큰 도움이 되는지를 깨달았어요. 잠시 후 의원이 약방에서 가져온 약재를 내밀었어요.

"역병 소식을 듣고 서둘러 구한 것이니 꼭 쓰임이 있기를 바랍니다."

예기치 못한 선물에 금아 의녀는 기뻐했어요.

"정말 감사합니다. 의원님이 구해 주신 약재이니 분명히 효험이 있을 거예요."

금아 의녀는 약첩을 소중히 보자기에 싸다가 조금 슬픈 표정을 지었어요.

"참, 말씀드린다는 것을 깜빡했군요. 저번 달에 의원님이 다녀가신

여자 환자는 여자 의사에게!

조선 시대에는 유교 사상의 영향을 받아 남자와 여자의 구분이 엄격했어요. 병에 걸렸을 때조차 마찬가지였지요. 특히 남자 의원에게 진찰을 받거나 치료를 받는 것을 부끄럽게 여긴 양반집 아가씨와 부인들은 진료 한 번 받지 못하고 병으로 죽는 경우가 많았어요.
의녀는 이런 아녀자들을 위해 태종 임금 시절에 처음 탄생했어요. 의녀도 남자 의사와 마찬가지로 침을 놓는 법, 약을 만드는 법 등 다양한 의학 교육을 받은 뒤 여자 환자들을 위해 파견되었어요. 여자들을 위한 여의사라고 할 수 있지요.

의녀들이 받는 교육

의녀들은 주로 궁궐이나 한양에서 활동했지만 지방 곳곳에서도 선발되었어요. 예비 의녀들은 어린 소녀들로, 지방에 있는 예비 의녀들은 먼저 글을 배운 뒤 한양으로 올라왔어요. 의녀가 되면 의학서와 약방문 정도는 읽을 수 있어야 했거든요. 한양으로 올라온 예비 의녀들은 다음 세 가지 과정을 거치며 전문적인 의녀로 성장했어요.

초학의
한양으로 올라와 공부에만 열중해야 하는 시기에 있는 의녀들이에요. 초학의 기간은 약 3년으로 이 기간에는 오로지 공부에만 집중해야 하지요. 이 의녀들은 다양한 의학서들을 읽고, 침과 진맥, 약 제조 등과 관련된 많은 기술들을 배웠어요.

간병의
초학의 3년이 지나면 직접 환자들을 돌보며 경험을 쌓아갈 기회를 얻게 되는데, 이처럼 환자들을 치료하기 시작한 의녀를 간병의라고 불렀어요. 간병의가 되면 자신만의 전문 분야를 개척해서 더 깊은 지식을 쌓게 돼요. 약을 잘 다루는 의녀는 약의녀, 침을 잘 다루는 의녀는 침의녀, 맥을 잘 짚는 의녀는 맥의녀가 되었지요.

내의녀
간병의 중에 뛰어난 능력을 인정받은 의녀는 궁궐의 부름을 받아 내의녀가 될 수 있었어요. 내의녀가 되면 월급도 받고 궁궐 사람들의 질병을 치료하는 중요한 임무를 맡았지요.

이후 옆 마을 김 대감댁 마님이 결국 돌아가셨답니다."

의원도 안타까운지 고개를 숙이며 한숨을 쉬었어요.

"역병으로 고통 받는 가난한 이들을 도와주시던 분인데 그런 분이 역병으로 돌아가시다니……."

"그래서 오늘 의원님께 부탁할 것이 하나 있어요."

금아 의녀의 말에 의원이 고개를 들어 쳐다보았어요.

"마님께서 돌아가신 뒤 그 댁 따님마저 역병으로 앓아눕게 되셨지요. 의원님께서 오늘 그 따님께 이 약재가 맞을지 직접 진맥해 주시면 어떨까요."

의원은 잠시 고민에 빠졌어요.

"남녀 구분이 엄격한데 과연 대감이 진맥을 허락해 주실까요?"

금아 의녀는 고개를 끄덕였어요.

"걱정하지 마세요. 의원님 말씀을 드렸더니 흔쾌히 부탁하셨는걸요. 게다가 의녀인 제가 곁에 있을 테니 괜찮을 것입니다."

의원은 기쁘게 승낙했어요.

"그러도록 하지요. 하다마다요."

의원의 승낙에 금아 의녀의 얼굴도 한결 밝아졌어요. 잠시 후 금아 의녀는 설이와도 여러 이야기를 나누었어요. 설이가 섬에서 뭍으로 오게 된 이유를 들은 금아 의녀는 눈물을 글썽거렸어요.

"그간 고생이 많았겠구나. 나도 병으로 어머니를 잃고 의녀가 된 거란다."

금아 의녀는 자신이 어떻게 의녀가 되었는지 설명해 주었어요. 한참을 귀 기울여 듣던 설이가 불현듯 금아 의녀에게 물었어요.

"저도 의녀가 될 수 있을까요? 아버지처럼 훌륭한 약초꾼이 되는 것도 좋지만 의원님과 의녀님을 만난 이후로 생각이 바뀌었어요."

금아 의녀는 설이의 말에 깜짝 놀랐지만 이내 미소를 지으며 답했어요.

"물론이란다. 게다가 네가 의녀가 되겠다고 하면 내가 도움을 줄 수 있을 거야."

의원도 설이의 결정을 응원해 주었어요.

"네가 그리 생각했다니 기특하구나. 하지만 의녀가 되는 일도 쉽지만은 않단다. 아주 부지런하고 공부도 잘해야 하지."

금아 의녀가 맞장구를 치자 설이는 조금 겁이 났어요.

"저, 의녀가 되려면 얼마나 공부를 잘해야 하는데요?"

설이가 주눅이 들어 묻자 금아 의녀가 웃으며 설명해 주었어요.

"우선 의술을 제대로 시행하려면 기초적인 의학 교육을 반드시 받아야 해. 그래서 의녀가 되려면 《천자문》, 《효경》, 《사서》 같은 교재를 읽고 쓰는 교육을 받게 되지. 게다가 이렇게 배운 것들은 시험을 치러 합격과 불합격을 평가 받는단다."

설이는 벌써부터 겁이 났어요. 그러자 의원이 설이를 다독여 주었어요.

"너라면 충분히 해낼 수 있을 거야. 의술은 정성과 노력으로 키울 수 있는 기술과 같은 거니까."

금아 의녀도 신중한 얼굴로 거들었어요.

"의원님의 말씀이 맞단다. 의학의 완성은 배운 지식을 직접 환자들 치료에 적용해 보면서 이루어진단다."

설이는 의녀 일이 결코 쉽지 않다는 것을 다시 한 번 느꼈어요. 그렇지만 이야기를 들을수록 마음이 더 굳건해지는 기분이었지요.

세 사람은 김 대감댁으로 길을 나섰어요. 김 대감댁 앞에는 사람들이 모여서 수군대고 있었어요.

"마님께서 세상을 뜬 지 얼마 안 되어 그 따님마저 병에 걸렸으니……."

"그토록 어지신 분이었거늘 하늘도 무심하시지."

금아 의녀가 대문을 두드리자 문지기가 허둥지둥 문을 열어 주었어요.

"안 그래도 기다리고 계셨습니다요!"

금아 의녀와 의원을 쫓아 대문 안으로 들어선 설이는 눈이 휘둥그레졌어요. 설이는 이렇게 고래 등처럼 큰 집은 처음 보았거든요. 설이가 두리번거리는 동안 누군가 대청마루로 뛰어나왔어요.

"그 용하다는 젊은 의원이 자네인가?"

고개를 들어 보니 이 집의 주인인 김 대감이 세 사람을 내려다보고 있었어요. 흰 수염을 멋지게 기르고 풍채 좋은 얼굴이었지만 주름진 얼굴은 슬퍼 보였어요. 부인을 잃고 딸까지 잃을지도 모르는 상황이니 상심이 얼마나 클지 이해가 되었어요.

"이분이 바로 그 의원님입니다."

금아 의녀가 소개를 하자 의원이 앞으로 나가 인사를 했어요.

김 대감이 의원에게 다가와 덥석 손을 잡았어요.

"이곳까지 찾아와 주니 고맙네. 부디 내 딸의 병을 살펴봐 주게나."

곧이어 세 사람은 아씨의 별당으로 갔어요. 별당에는 슬픈 분위기가 가득했어요. 종들도 눈물을 흘리며 별당 아씨의 방 앞을 지키고 있었지요.

이부자리에 누워 있는 별당 아씨를 보았을 때, 설이는 아씨가 죽은 줄만 알았어요. 아프다는 신음 소리는커녕 숨소리조차 들을 수 없었고, 병석 앞에는 두꺼운 발이 쳐져 있어서 얼굴도 볼 수 없었지요.

세 사람을 안내해 준 것은 아씨의 오라버니였어요. 오라버니가 다급한 얼굴로 물었어요.

"어떻습니까? 치료하실 수 있겠습니까?"

금아 의녀가 당부하듯 말했어요.

"일단 진맥을 해 봐야 알 것 같습니다. 의원님께서 진맥을 보실 수 있도록 허락해 주시겠습니까?"

아씨의 오라버니는 고개를 끄덕여 허락해 주었어요.

"이 아이가 만일 깨어 있었다면 절대 진맥을 받지 않으려 했을 거요. 하지만 난 동생을 살리고 싶소."

잠시 후, 금아 의녀가 가느다란 실을 꺼내어 별당 아씨의 팔목에 묶더니 그 나머지 한쪽 끝을 의원에게 쥐어 주었어요. 의원은 한참이나 실 끝을 잡고 눈을 감았지요. 그런 다음 얇은 비단 천을 아씨의 팔목에 대고 다시 한 번 맥을 살폈어요.

모두 숨을 죽인 채 의원의 입에서 무슨 말이 나올지 기다리고 있었어요. 이윽고 의원이 눈빛을 반짝이며 말했어요.

"아직 확실하지는 않으나 희망을 가져도 될 것 같습니다. 이번에 새 약을 지었는데 분명 이 약이 효과가 있을 것 같군요."

그 말에 방 안에 있던 모두가 안도의 한숨을 내쉬었어요. 그때 의원이 서두르며 말했어요.

"환자의 병이 깊어 한시라도 빨리 약을 먹여야겠습니다. 지금 바로 탕약을 준비하지요."

세 사람은 곧이어 탕약 달이는 작업에 들어갔어요. 설이는 의원과 금아 의녀의 부탁대로 약재를 깨끗하게 다듬는 일을 맡았어요. 의원과 금아 의녀와 함께 탕약을 만들고 있으니 설이는 벌써 의녀가 된 기분이었지요. 하지만 신 나고 즐거운 마음은 잠시 접어 두기로 했어요. 마음이 들떠 조그만 실수를 해서도 안 되니까요.

세 사람은 분주하지만 조심스레 움직였어요. 탕약이 화로 위에 올라간 뒤, 설이의 약재 다루는 솜씨를 지켜보던 의원이 말했어요.

"너는 분명히 훌륭한 의녀가 될 거다. 지금은 남자 의원들의 세상이지만 돌이켜 보면 여인의 몸으로 훌륭한 의녀가 된 분들도 계시지. 설이도 꼭 그렇게 훌륭한 인물이 될 거야. 내가 장담하지."

의원의 칭찬에 설이의 얼굴이 붉게 물들었어요.

얼마 후 탕약이 완성되었어요. 금아 의녀가 뜨거운 탕약을 식기 전에 들고 가 별당 아씨의 입에 조금씩 흘려 넣어 주었어요. 탕약을 다 먹인 세 사람은 다시 혜민서로 돌아왔어요. 이제 남은 일은 별당 아씨의 병이 낫기를 간절히 기도하는 일뿐이었어요.

그날 저녁, 세 사람은 함께 저녁 식사를 나누며 앞으로 무슨 일을 할지 진지하게 이야기를 나누었어요. 금아 의녀가 환한 미소를 지으며 말했어요.

"의원님께서 이번에 있을 전의감 입학시험을 치른다는 소식을 들었습니다. 좋은 성적을 거두시면 나중에 궁궐의 내의원으로 오실 수도 있겠군요."

의원이 고개를 끄덕였어요.

"그렇지요."

"분명히 의원님은 임금님의 병을 고치는 훌륭한 어의가 되실 수 있을 거예요."

그 말에 의원은 고개를 절레절레 저었어요.

"세상에 저보다 뛰어난 의원들이 많습니다. 그저 내의원에 간다면 우리 의학에 대해 더 깊은 연구를 하고 싶을 뿐입니다."

잠시 긴 침묵이 흘렀어요. 금아 의녀가 설이를 돌아보며 설이의 머리를 다정하게 쓸어 주었어요.

"설아, 미처 못한 이야기가 있단다."

설이는 무슨 이야기일까 기다렸어요. 금아 의녀가 말을 이었어요.

"나도 네가 이곳에서 의녀가 되는 모습을 지켜볼 수 있다면 참 좋겠어. 하지만 이틀 후면 나는 궁궐로 들어가야 한단다. 얼마 전 궁궐

조선 시대 최고의 의녀 대장금

궁궐로 들어가 일하는 내의녀 중에 실력이 뛰어난 내의녀는 임금님을 보살피는 어의녀가 되기도 했어요. 중종 임금 시절의 대장금이 그런 경우예요. 대장금은 의녀의 신분으로 임금님의 치료를 담당하는 어의녀의 자리에 올랐고, 무려 29년 동안 《조선왕조실록》에 이름이 등장할 정도로 출중한 의술을 펼쳤던 의녀예요. 여자의 몸으로 어의 역할을 했다는 이유로 많은 시기와 질투를 받았지만 훌륭한 의술 실력으로 중종 임금으로부터 큰 신뢰를 받았지요.

의 부름을 받아 앞으로는 임금님과 왕족들의 병을 돌보게 되었거든."

그 말에 설이는 깜짝 놀랐어요.

"궁궐이요?"

이번에는 의원이 설명해 주었어요.

"이번 역병 관리에 의녀님이 큰 공을 세우면서 실력이 알려져 내의원에서 의녀님을 부른 것이란다."

설이는 기쁘면서도 왠지 서운한 마음이 들었어요.

"그러면 이제 다시는 의녀님을 볼 수 없는 거예요?"

설이는 서운해서 눈물이 날 것 같았어요. 하지만 금아 의녀가 고개를 저었어요.

"그렇지 않단다. 의원님께 듣자하니 네가 글을 안다고 하더구나. 그렇다면 혜민서에서 먼저 의녀 수업을 받는 것이 어떻겠니. 열심히 공부하다 보면 분명히 다시 만날 날이 있을 거야."

설이의 얼굴은 순식간에 밝아졌다가 다시 어두워졌어요. 혜민서에 머물게 되면 더 이상 의원님과 함께할 수 없게 되니까요. 갈등하는 설이에게 의원이 말했어요.

"설아, 사람의 인연은 긴 것이란다. 분명히 다시 보게 될 거다. 나는 얼마 뒤에 있을 전의감 입학시험을 치를 거야. 전의감은 훌륭한 의원들을 길러 내는 최고의 기관이지."

"그러면 의원님이 이곳까지 오신 건 전의감 입학시험 때문인가요?"

의원은 고개를 끄덕였어요.

"그래, 마음 같아서는 당장 너와 함께 네 고향으로 돌아가서 네 동생의 병을 고쳐 주고 싶지만 일단 시험을 치러야 하니 조금만 더 기다려 주겠니?"

설이는 가슴이 뭉클했어요. 명이의 병을 돌봐 달라고 부탁하기도 전에 의원이 벌써부터 명이를 고쳐 주겠다고 마음먹고 있는 줄은 까맣게 몰랐거든요.

그때 누군가 세 사람이 있는 다과실로 뛰어 들어왔어요.

"의녀님! 기쁜 소식입니다. 김 대감댁 별당 아씨가 깨어나셨답니다!"

그 말에 세 사람 모두 자리에서 벌떡 일어났어요. 탕약을 마시고 깊은 잠이 든 별당 아씨가 깨어나 아버지와 오라버니를 찾았다는 소식이었어요. 금아 의녀가 눈물을 글썽이며 의원을 바라보았어요.

"아! 아씨께서 깨어나셨다니 너무 기쁘군요. 의원님이 오시지 않았더라면 아씨의 병환을 어찌 했을까요."

의원은 고개를 저었어요.

"아닙니다. 의녀님의 조언이 아니었다면 이렇게 빨리 약을 준비할 수는 없었을 겁니다. 무엇보다 역병을 잡을 수 있는 약을 만들게 되었으니 역병에 시달리는 다른 백성들까지도 구할 수 있게 되었군요."

의원과 금아 의녀는 기뻐하며 서로를 바라보았어요. 그 모습을 지

조선 시대의 의사 시험

전의감은 지금으로 치면 국립의과대학과 비슷한 곳이에요. 나라의 임무를 받들어 의술을 펼치는 의원을 '의관'이라고 하는데, 의관이 되려면 전의감 주최로 열리는 의과 시험을 통과해야 했어요.
의과 시험을 통과하면 작은 벼슬이 주어지고, 실력을 인정받으면 좀 더 큰 벼슬을 받고 궁궐의 의원으로 들어갈 수 있었어요. 또한 여기서 실력을 입증해 승진하면 임금님의 병을 치료하는 최고 벼슬인 어의가 될 수 있었지요.

켜보는 설이의 마음이 벅차올랐어요.

누가 봐도 의원과 금아 의녀는 손발이 척척 맞는 훌륭한 동료였어요. 어려운 일도 많고 고단한 일도 많지만 그래도 같은 길을 걸어가는 동료로서 두 사람은 서로에게 버팀목이 되어 주었어요.

설이도 그들과 함께 서로에게 좋은 버팀목이 되고 싶었어요.

'그래, 이곳에 머물며 의녀 수업을 받자. 진짜 의녀가 돼서 고향에 돌아갈 거야!'

설이의 가슴이 두근대기 시작했어요.

설이의 의학 공부
의녀 중에 최고 의녀, 내의녀

의녀 중에 가장 실력 있는 의녀들은 내의녀로 파견되었어요. 궁궐의 의녀들은 간호사와 비슷한 역할을 했다고 알려져 있지만 그보다 훨씬 범위가 컸어요. 궁궐 안의 내의녀들이 어떻게 살았는지 한 번 살펴보아요.

뛰어난 의술을 가졌어요!

중종 임금의 어의녀까지 올랐던 의녀 대장금, 성종 임금 시절 충치와 부스럼 치료에 능했던 의녀 장덕과 귀금, 영조 임금 시절 훌륭한 침술 솜씨로 이름을 날렸던 의녀 송월 등은 남자 의원보다 더 큰 업적을 쌓은 의녀들이지요.

왕비의 출산을 도왔어요!

조선 시대에 왕비가 후손을 낳는 일은 매우 중요한 경사였어요. 왕비의 출산이 다가오면 궁궐에서는 산실청이라는 임시 산실을 마련해 의관과 의녀를 배치시켰어요. 이때 의녀는 왕비가 아이를 낳는 데 직접적으로 도움을 주는 산파 역할을 했어요. 산파 역할을 맡는 의녀는 출산을 도운 경험이 있고 의술이 뛰어난 내의원 어의녀가 맡았지요.

춤과 노래도 배워요!

의녀들은 처음에는 의술에만 집중했지만 점차 궁중의 연회 등에 참가해 춤과 가무를 하는 궁녀 역할까지 하기 시작했어요. 때문에 의서를 배우고 의술을 펼치는 일 외에도 춤과 노래까지 익히게 되었지요.

수사관 일도 맡았어요!

의녀는 궁중에서 벌어지는 범죄 수사 등에 참여하기도 했어요. 특히 여성을 대상으로 하는 수사는 의녀들의 전담이었지요. 의녀들은 기초적인 의학 지식이 있었기 때문에 범죄에 의한 여성들의 상처를 조사하는가 하면, 여인들의 꾀병을 간파하거나 여자 죄수들을 관리하는 일을 맡기도 했어요.

월급을 받고 출퇴근을 했어요!

일반 궁녀는 평생 궁궐 안에서만 살고 결혼을 할 수 없었던 반면, 의녀는 출퇴근이 가능했고, 결혼도 할 수 있었어요.
일부 의녀는 궁 안에서 머물며 내의원 일을 돌봤지만, 대부분의 의녀들은 출퇴근을 하며 월급을 받았다는 점에서 지금의 직장 여성과 비슷했어요.

우리 의학서

전통 의학의 모든 것이 담긴 의학서들

"세상에는 많은 직업이 있고 제각기 직업마다 가치가 있다지만 내게는 사람 목숨을 살리는 일만큼 의미 있는 일은 없는 것 같구나."

설이가 남아서 의녀가 되겠다는 결심을 밝히자 의원이 당부했어요.

"설아, 항상 꿈을 잃지 말고 씩씩하게 나아가거라. 네가 이 길을 찾게 된 건 네 동생 명이 덕분일 수도 있지. 우리는 그렇게 운명의 길을 따라가게 되는 거란다."

설이는 의원의 말이 아리송했지만 그 뜻을 알 것도 같았어요. 의녀가 되겠다는 결심을 한 뒤로 설이는 자신이 달라진 것을 느꼈어요. 불과 한두 달 사이에 완전히 어른이 된 것 같은 기분이었지요.

다음 날 아침, 세 사람은 다시 혜민서 마당에서 만났어요. 김 대감 댁 별당 아씨의 소식을 들은 뒤라 한결 활기찬 얼굴이었지요. 금아 의녀가 공손하게 두 사람을 맞이했어요.

"오늘은 제가 혜민서에 있는 마지막 날이에요. 그래서 오늘은 출타하지 않을 생각입니다. 두 분과 의미 있는 시간을 보내고 싶은데 부디 함께해 주시겠어요?"

금아 의녀가 두 사람을 안내한 곳은 조용하고 널찍한 서고였어요. 사방에 책장이 반듯하게 세워져 있고 책장에는 서책들이 빼곡하고 들어차 있었지요. 책을 제대로 보지 못한 설이에게는 낯설고도 신비로운 장소였어요.

설이는 의학 책이 이렇게나 많다는 게 신기했어요. 의술을 연구하는 곳이니 더 많은 책이 있겠지만 실로 이곳의 책들은 평생 갈고 닦아도 다 공부할 수 없을 정도로 많아 보였어요. 주변을 둘러보니 다른 의생과 의녀들도 열심히 책을 읽고 이야기를 나누거나 연구를 하고 있었어요.

금아 의녀는 의원과 설이를 창가 자리에 안내했어요. 책상에는 이미 금아 의녀가 가져다 놓은 서책 몇 권이 놓여 있었어요. 많은 사람들이 여러 번 살피고 넘겨 보았는지 대부분의 책들은 너덜너덜 닳아 있었어요. 설이는 그중에서 가장 낡은 책 한 권을 집어 들어 조심스레 펼쳐 보았어요. 책에는 한자들이 가득 쓰여 있었어요.

"이건 중국에서 온 책인가요?"

금아 의녀가 고개를 저었어요.

"비록 한자로 쓰여 있긴 하다만 이 책은 중국이 아닌 우리 의학서란다."

책을 요리조리 살펴보니 책장마다 까맣게 손때가 묻어 있었어요.

"제일 많이 닳아 있는 걸 보니 유명한 책 같아요."

"그렇단다. 이 책은 지금까지 나온 우리 의학서 중에 가장 유명한 《동의보감》이라는 책이란다. 이 땅에서 의술을 공부하는 사람이라면 누구나 마땅히 공부해야 하는 교과서지. 이 《동의보감》은 네가 들고 있는 1권 말고도 스물네 권이 더 있단다."

"그러면 스물다섯 권이나 된다고요?"

설이는 깜짝 놀랐어요. 스물다섯 권이나 되다니 그 안의 내용은 또 얼마나 많을지 상상이 되지 않았어요.

존경스러운 마음에 책장을 조심스럽게 살피는 설이에게 의원이 말했어요.

"자, 여기를 보아라."

설이는 의원이 손끝으로 가리킨 곳을 보았어요.

"모든 서책에는 목차라는 게 있단다. 목차는 책 전체가 어떤 내용과 구조로 이루어져 있는지 보여 주는 설계도와 같지. 여기를 보면

우리 민족의 의학서, 《동의보감》
《동의보감》은 구암 허준 선생이 쓴 의학서로, 우리나라뿐만 아니라 세계적으로도 그 가치를 인정받아 의학서로서는 세계 처음으로 유네스코 세계 문화유산으로 등록된 우리 민족의 자랑거리예요.

백성들의 의학서, 《동의보감》
조선 시대의 의원과 약은 주로 양반들만 누릴 수 있는 혜택이었어요. 《동의보감》은 단방 처방을 많이 싣고 있는데, 단방 처방이란 값비싼 고급 약재를 섞지 않고 단순한 약재만을 써서 치료하는 처방으로, 고급 처방을 쓸 수 없는 백성들에게는 기쁜 소식이었지요.

방대한 내용을 담았어요
《동의보감》이 출간되자 의학 강국이었던 중국은 물론 일본마저도 앞다투어 이 책을 구해 가려고 애썼어요. 심지어 중국 사신들은 조선에 오면 으레 《동의보감》을 챙겨 갔지요. 《동의보감》은 총 25권, 완성되는 데만 무려 14년이 걸릴 정도로 다양한 의학 분야들을 일목요연하게 정리한 일종의 종합백과라고 할 수 있어요.

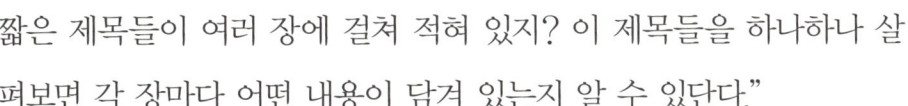

짧은 제목들이 여러 장에 걸쳐 적혀 있지? 이 제목들을 하나하나 살펴보면 각 장마다 어떤 내용이 담겨 있는지 알 수 있단다."

금아 의녀가 이어서 설명했어요.

"그렇지. 이 목차들은 진찰을 하는 방법, 진맥을 짚는 방법, 약을 쓰는 방법, 침과 뜸을 사용하는 방법 등에 대한 내용이란다."

"와, 이 모두를 다 공부하면 누구나 명의가 되겠어요!"

설이가 감탄하자 의원이 따라 웃었지요.

전통 의학의 모든 것이 담긴 의학서들

"그래. 훌륭한 의학서란 결국 평범한 사람도 이용할 수 있는 의학서겠지. 《동의보감》도 그런 책이란다. 한 예로 《동의보감》이 만들어지기 전에는 중국의 의학서로 공부하고 질병을 치료했단다. 그렇다면 어떤 문제가 생길 수 있을까?"

설이는 곰곰이 생각해 보았어요.

"음, 중국에는 맞겠지만 우리에게는 안 맞을 수도 있어요."

"바로 그거지. 중국의 유명한 의학서인 《본초강목》을 한 번 보자꾸나."

중국에서 건너온 약초 백과사전, 《본초강목》

《본초강목》은 중국 명나라의 본초학자 이시진이 무려 30년간 약초들의 종류와 쓰임을 정리한 책이에요. 오랜 연구 기간만큼이나 이 책에는 무려 1,871종의 약재가 소개되어 있지요. 《본초강목》은 조선 시대에 널리 읽힌 대표적인 의학서로, 많은 의원들이 《본초강목》에 소개된 약재들로 처방을 하고 질병을 치료했어요. 나아가 지금도 《본초강목》은 약초의 성질과 효능, 질병을 어떤 약초로 치료할 것인지 처방하는 것과 관련해 많은 참고가 되고 있어요.

의원의 말에 금아 의녀가 《본초강목》을 찾아 설이에게 내밀었어요.

"설이의 아버지께서는 약초를 다루신다고 했지? 《본초강목》도 약초에 대한 거야. 약재의 효능을 연구하는 사람들에게는 아주 중요한 책이란다. 문제는 여기서 소개된 약재들은 중국 토양에서 자라는 약초들이라 우리에게는 맞지 않는 부분도 있어. 이 때문에 우리 백성들에게도 쉽게 적용할 수 있는 우리의 의학서가 필요했고, 허준 선생께서도 이런 문제점을 해결하기 위해 《동의보감》을 만들게 되신 거란다."

의원이 다시 한 번 《동의보감》을 펼쳐서 보여 주었어요.

"《동의보감》은 다른 의학 책들과 달리 우리 땅에서 자라는 약재들을 알기 쉽게 소개하고 있어. 이 책에는 이런 구절이 있지. '배앓이에는 쑥으로 생즙을 내어 마시면 효능이 있다.'라고 말이야"

"예, 봄이 되면 온 천지가 쑥이잖아요. 얼마든지 따라할 수 있을 것 같아요."

"그렇지. 게다가 허준 선생께서는 한자를 읽지 못하는 백성들을 위해 우리 한글로 쓰여진 의학서들도 많이 만드셨단다."

섬에서만 살아온 설이는 그런 책이 있는 줄도 몰랐다는 것이 안타까웠어요. 그래서 고향으로 돌아가기 전에 고향 사람들도 쉽게 읽을 수 있도록 허준 선생님의 한글 의학서를 꼭 구해 가야겠다고 다짐했지요.

의원은 《동의보감》을 손에 들고 찬찬히 펼쳐 보며 말했어요.

"나는 《동의보감》을 볼 때면 허준 선생이야말로 대단한 분이라는 생각이 든단다. 만일 아픈 사람에 대한 애정과 관심이 없었다면 이 방대한 내용을 어떻게 정리할 엄두를 내셨겠니."

설이는 이 낡은 책 안에 이토록 귀한 지식이 숨겨져 있다는 사실이 놀랍기만 했어요.

"특히 선생께서 우리 몸을 흙·물·불·바람에 비교하신 부분에는 더 감탄하게 된단다. 참 아름답지 않니?"

의원의 말을 듣자 설이는 고향인 섬마을의 풍경이 떠올랐어요. 자연은 아무도 돌보지 않아도 제 생명을 지켜 무럭무럭 자라나지요. 게다가 남녀노소, 부자와 가난한 사람, 양반과 평민을 가리지 않고 무한한 선물을 가져다주지요. 어쩌면 허준 선생님은 그런 자연을 닮은 것이 우리 인간의 몸이고, 의술 또한 자연의 법칙처럼 모두에게 공평한 것이라고 생각했는지도 몰라요. 설이가 이 생각을 말하자 금아 의녀도 고개를 끄덕였어요.

"의술을 펼치는 의원은 결국 이 자연의 뜻을 따르는 사람이란다. 허준 선생께서도 평민이거나 양반이거나, 가난한 사람이거나 부자거나 병에 걸린 사람에게는 치료를 베풀어야 한다고 생각하셨지. 그런 면에서 《의방유취》나 《향약집성방》 같은 책들도 살펴보면 좋겠구나."

설이는 오늘 배운 지식들이 기쁘기도 하고 막막하기도 했어요. 공부는 해도 해도 끝이 없다는 느낌이었지요. 설이의 마음을 읽었는지

 우리 의학서 《향약집성방》과 《의방유취》

세종대왕 시절에 우리 한의학은 큰 발전이 있었어요. 이때 탄생한 의학서가 바로 《향약집성방》과 《의방유취》예요.

《향약집성방》
삼국 시대와 고려 시대를 거쳐 전해 오는 국내의 모든 의약방서와 민간 경험들을 수집해 만든 책이에요. 우리나라에서 나는 약초를 뜻하는 '향약'을 제목으로 삼은 만큼 우리 약초를 사용한 처방들이 많아 백성들도 쉽게 응용할 수 있었어요.

《의방유취》
중국의 의서들, 먼 곳인 인도의 불교 의서까지 종합해 만든 책이에요. 거의 1만 가지 세부 지식 항목들이 포함된 총 226권으로, 읽는 데만도 10년이 걸리는 책이지요. 방대한 내용 때문에 이 무렵 한의학의 모습을 그려 볼 수 있어요.

모든 처방전을 담은 《향약집성방》과

세계 곳곳의 의학 정보를 모은 《의방유취》를 만들라!

금아 의녀가 웃으며 말했어요.

"설아, 뭐든지 욕심 부리지 말고 차근차근 해 나가면 되는 거야."

금아 의녀의 말에 용기를 낸 설이가 "예." 하고 기운차게 대답했어요. 그 순간, 의녀 한 사람이 바삐 서고로 들어와 금아 의녀를 찾았어요.

"금아 의녀님! 날이 저무는데 얼른 채비를 하셔야지요."

혜민서에서 일하는 또 다른 의녀였어요. 내일이면 궁궐로 들어가야 할 금아 의녀를 데리러 온 것이에요.

"금방 끝낼 테니 조금만 더 시간을 주시지요."

금아 의녀가 점잖게 부탁하고는 의원에게 살짝 눈짓을 했어요. 그러자 의원이 소맷부리에서 책 한 권을 꺼내 설이에게 내밀었어요.

"자, 이건 너에게 주는 선물이란다."

"예? 이건 무슨 책인가요?"

설이가 묻자 의원이 책을 펼쳐 보이며 말했어요.

"《동의보감》의 중요한 내용만 적어 둔 것이란다. 나중에 고향에 갈 때 주려 했는데 남아서 공부한다니 미리 가져가도록 해라."

설이는 귀한 선물을 받아 기뻤지만 내색할 수가 없었어요. 이제 의원님과도 떨어져야 할 시간이 다가오고 있으니 슬픈 마음이 더 컸거든요.

"의원님, 꼭 다시 볼 수 있는 거죠?"

설이가 초조한 얼굴로 말하자 의원이 소리 내어 웃었어요.

"지금 보니 설이도 겁이 많구나. 걱정 말고 열심히 공부하고 있거라. 그러면 다시 만나게 될 거야."

의원은 설이의 어깨를 꼭 잡아 주었어요. 설이도 의원의 얼굴을 마주 보며 고개를 끄덕였어요.

그날 저녁, 의원은 혜민서를 떠났어요. 금아 의녀와 설이는 저만치 멀어지는 의원을 보며 한참 동안 손을 흔들어 주었어요.

앞으로 설이에게는 어떤 일이 펼쳐질까요? 정말로 의원을 다시 만날 수 있을까요?

설이는 아무것도 알 수 없었어요. 하지만 의원의 말처럼 정말 운명이라는 것이 있다면 최선을 다해 그 운명을 따라가기로 했어요. 그러면 반드시 길이 보일 테니까요.

설이의 의학 공부
《동의보감》에 담긴 내용

우리나라 최고 의학서로 불리는 《동의보감》.
그 안에는 어떤 내용이 담겨 있을까요?
총 5개의 편으로 나뉘어 있는 책의 내용을 살펴보도록 해요.

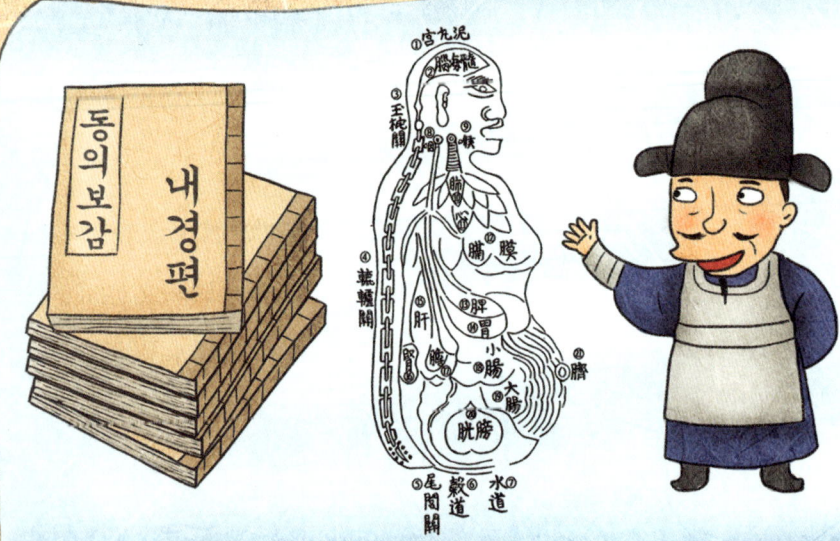

내경편

질병을 치료하려면 우선 사람의 몸에 대해서 잘 알아야 하겠지요? 〈내경편〉은 사람의 몸에 있는 오장육부에 대한 내용을 담고 있어요. 허준 선생은 우리 인체가 우주와 비슷하다고 말했어요. 그래서 건강을 유지하고 오래 살려면 몸도 마음도 자연의 질서를 거스르지 않아야 한다고 말했지요. 〈내경편〉은 총 6권으로 이루어져 있어요.

외형편

〈내경편〉이 몸의 내부를 다루고 있다면, 〈외형편〉은 몸 밖으로 드러나는 부분에 대한 내용이에요. 허준 선생은 이 책에서 머리에서 발끝까지 각 부분의 특징을 다루면서 인체의 기본적인 지식을 전달하고 있어요.

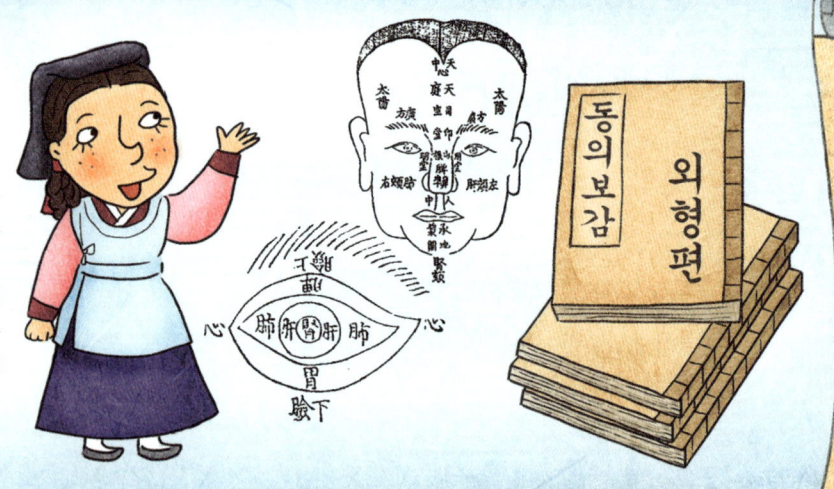

잡병편

인체를 알았다면 이번에는 인체에서 발생하는 병에 대해 알아야겠지요? 〈잡병편〉은 우리 몸에 생길 수 있는 병에 대해 다루고 있어요. 왜 우리 몸에서 질병이 발생하고, 각 질병에 따라 증상은 어떠한지, 또 병을 예방하고 치료하는 방법은 무엇인지 서술하고 있어요. 〈잡병편〉은 총 11권으로 이루어져 있어요.

탕액편

〈탕액편〉은 질병을 치료하는 약물인 탕약에 대해 정리해 두었어요. 약물을 어떻게 채취하고 가공하며 처방하는지, 약을 달이고 먹는 방법, 질병마다 어떤 약물을 사용하는지를 아주 잘 기록해 두었어요. 〈탕액편〉은 총 3권으로 이루어져 있어요.

침구편

〈침구편〉은 대표적인 우리 전통 의학 치료인 침과 뜸을 이용한 치료에 대해 소개했어요. 허준 선생은 우리 몸에는 '기'라는 눈에 보이지 않는 흐름이 있다고 말했어요. 〈침구편〉에서는 이 기가 흐르는 통로인 경락, 경락의 중간에 침을 놓는 혈 자리, 여기에 어떤 종류의 침을 어떻게 놓아야 하는지를 설명하고 있지요. 〈침구편〉에서는 뜸을 뜨는 법도 설명되어 있어요.

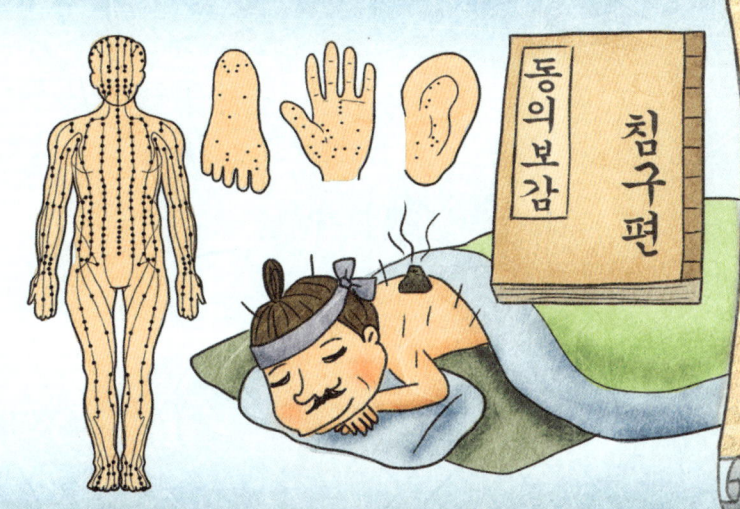

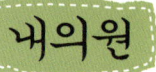 내의원

왕을 돌보는 의사들

깊은 밤, 모두가 잠들었지만 설이는 여전히 뜬눈이에요. 궁궐에 들어온 지 한참이 지났는데도 아직도 궁궐에 와 있다는 사실이 믿기지 않았어요.

설이가 궁궐에 들어오게 된 사정은 이랬어요. 금아 의녀가 궁궐로 떠난 이후 설이는 혜민서에서 봄과 여름, 가을 동안 의녀 수업을 받게 되었어요. 그러던 어느 날, 설이는 금아 의녀로부터 잠깐 궁궐로 들어와 자신의 일을 돕지 않겠느냐는 제안을 받았어요.

환절기에 들어서면서 궁궐 식구들의 건강을 챙기느라 바빠져 일손이 필요한데 특별히 잔심부름을 할 아이로 설이를 추천했다는 내용이었지요.

들던 대로 궁궐은 아름답고 화려한 곳이었어요. 온통 숲이 울창하고 아침이면 새들이 울고, 궁궐 어디에나 예쁜 궁녀들과 멋지게 차려입은 관리들도 가득했지요. 설이가 궁궐에 온 첫날, 금아 의녀는 설이를 창덕궁 안 내의원으로 안내했어요. 내의원은 비록 크지는 않았지만 궁궐 건물답게 아름다운 단청들이 돋보였어요.

"우아, 아담하고 예쁜 건물이네요!"

금아 의녀는 감탄하는 설이를 즐거운 얼굴로 바라보았어요.

"비록 겉모습은 아담하지만 여기서 수행하는 임무는 아주 크단다. 내의원은 임금님과 왕족들의 병을 치료하는 곳이거든."

그 말에 설이는 가슴이 조마조마했지만 곧 어깨를 쭉 폈어요. 임금님의 병을 다스리는 일은 무거운 임무가 틀림없지만 결국 정성 들여 치료한다는 사실만큼은 같으니까요.

설이는 매일 바쁘게 지내면서도 새로운 일을 배우는 게 즐겁기만 했어요. 금아 의녀는 시간이 날 때마다 설이에게 따로 공부를 가르쳐 주기도 하고 간병에 필요한 기술을 익히도록 했어요.

그렇게 내의원 생활에 적응할 무렵이었어요. 늦은 오후, 무슨 일이 생겼는지 의녀들이 내의원 마당에 모여들기 시작했어요. 그날 설이와 금아 의녀는 궁녀들의 진맥을 보고 돌아오는 길이었지요. 금아 의녀를 보자 다른 의녀들이 우르르 다가왔어요.

"어의님이 자네를 부르신다네."

"어의님이 저를요?"

금아 의녀는 고개를 갸우뚱했어요.

"요 며칠 임금님의 병환이 더 깊어졌다고 하는구먼. 특히 며칠 전에 밤새 상소문을 읽고 나신 뒤로는 기력을 회복하지 못하시는 모양이야. 오늘 어의 세 분께서 임금님의 진맥에 자네를 동행시키겠다고 하셨네."

의녀들이 웅성대는데 젊은 의관 한 사람이 금아 의녀에게 바삐 다가왔어요.

"어의님들이 의녀님을 찾고 계십니다. 어서 가시지요."

젊은 의관은 어의 세 사람이 기다리고 있는 내의원 별실로 금아 의녀와 설이를 데리고 갔어요. 금아 의녀와 설이가 들어서자 웅성대던 어의들이 입을 다물었어요. 모두 의관 복장을 점잖게 차려 입고 있었는데, 한 사람은 뚱뚱하고 한 사람은 눈이 매섭고 또 한 사람은 젊었어요. 뚱뚱한 어의가 먼저 입을 열었어요.

"네 진맥 솜씨가 훌륭하다는 이야기를 들었으니 오늘 진맥에 네가 함께 가야겠구나. 나는 탕약을 전문으로 하는 어의니라."

뚱뚱한 어의가 먼저 자신을 소개했어요.

"나는 침술을 전문으로 하는 어의지."

이번에는 눈이 매서운 어의가 말했지요.

"나는 진맥 솜씨 하나로 어의가 되었다. 듣건대 혜민서에서 너의 활

임금님의 주치의, 어의

어의는 임금님을 직접 치료할 수 있는 자격을 가진 의원으로, 요즘으로 치면 대통령 주치의와 비슷한 역할이에요. 어의들은 적게는 3명, 많을 때는 20명 가까이 되기도 하는데 가장 실력 좋은 의원들로서 각각 침을 잘 놓는다거나 진맥을 잘 본다거나 하는 식의 특별히 잘하는 분야가 있었어요.

임금님이 병이 나서 앓아누우면 어의들이 동원되어 진료를 하고 처방을 하는데 차례차례 따로 들어가서 진맥을 본 다음, 각각의 의견을 모아 치료 방법을 결정하고 약을 만들었지요.

약이 컸다고 하니 기대해 보기로 하지."

마지막으로 젊은 어의가 말했어요.

"그런데 이 아이는 누군고?"

뚱뚱한 어의가 설이를 바라보며 물었어요.

"이 아이는 비록 어리지만 약초꾼의 자질이 풍부하옵니다. 현재 내 의녀가 될 준비를 하며 제게 수업을 받고 저를 도와주고 있지요."

"어린아이가 기특하도다."

세 명의 어의가 설이를 샅샅이 훑어보는 바람에 설이는 머리칼이 쭈뼛 서는 기분이었어요. 금아 의녀가 공손히 여쭈었어요.

"이 아이도 도움이 될지 모르니 부디 저와 동행하게 해 주십시오."

금아 의녀의 부탁에 어의들은 한참을 의논하더니 허락해 주었어요.

"좋다. 이렇게 급한 상황에서 도움이 될 수 있다면 그렇게 하지."

다섯 사람은 임금님이 주무시는 침전으로 향했어요. 침전 앞에 서니 낮게 앓는 소리가 들려왔어요. 사람들이 들을까 숨죽인 신음 소리였어요. 백성을 돌보는 임금님도 이렇게 아플 때가 있다니 설이는 안타까운 마음이 들었어요.

이윽고 문이 열리며 상궁 한 사람이 조그맣게 속삭였지요.

"첫 번째 어의 드십시오."

뚱뚱한 어의가 먼저 일어나서 안으로 들어갔어요. 금아 의녀와 설이도 발소리를 죽여 뚱뚱한 어의를 따라갔어요.

세 사람이 들어왔는데도 임금님은 눈을 꼭 감은 채 신음 소리만 내고 있었어요. 첫 번째 어의가 처음에는 오른 손목을, 그 다음 왼 손목을 잡아 진맥을 시작했어요. 진맥을 마치고 돌아서는 첫 번째 어의의 표정이 영 좋지 않았어요. 그렇게 첫 번째 어의가 물러가자 두 번째, 세 번째 어의가 차례로 들어와 진맥을 마쳤어요. 두 어의 또한 아리송한 표정들이었어요.

드디어 세 번째 어의가 진맥을 마친 후 금아 의녀에게 속삭였어요.

"이제 네 차례다. 어서 진맥을 해 보거라."

금아 의녀가 차분하게 임금님에게 다가가 진맥을 시작했어요. 많이 긴장했는지 이마에는 땀방울까지 맺혔어요. 그 모습을 지켜보는 설이까지도 긴장이 되어 온 몸이 굳는 기분이었어요. 진맥을 잘못해서 처방에 실패해 임금님이 돌아가시거나 할 경우, 큰 처벌을 받거나 귀양을 갈 수 있다는 이야기를 들은 적이 있거든요.

금아 의녀는 차분하게 여러 번 진맥을 계속했어요. 하지만 정확한 병명을 알기가 어려운지 몇 번이나 고개를 갸웃했지요.

그때 설이가 임금님에게서 이상한 점 하나를 발견했어요. 다름 아닌 임금님의 발가락이었어요. 종기가 터졌는지 버선 끝에 피고름이 묻어 있는 걸 본 설이가 금아 의녀에게 다가가 속삭였어요.

"의녀님, 임금님의 발을 보세요. 종기가 심하게 터졌어요."

설이는 임금님의 발을 본 금아 의녀의 눈빛이 반짝 빛나는 것을 놓치지 않았어요.

잠시 후, 모두가 침전에서 물러나 내의원으로 자리를 옮겼어요. 오늘 진맥한 결과를 서로 나눈 다음, 앞으로 어떤 치료를 할지 결정해야 했어요. 내의원에 모인 어의들의 얼굴은 어두웠어요.

"어떻게들 생각하시오. 전하의 열이 계속 가라앉지 않고 있는데 그 원인을 제대로 알기가 어려우니 큰일이오. 수많은 침과 뜸을 놓아 보고 탕약도 지어 보았으나 차도가 없지 않았습니까. 이러다가는 시약

청을 설치해야 할지도 모르겠소이다."

"안 될 일입니다. 백성들이 궁핍하고 전란으로 고통 받고 있는데 임금님의 병까지 걱정해야 한다면 그 짐이 너무 무겁습니다. 희망이 아주 없는 것은 아니니 조금만 더 살펴보지요."

어의들이 이번에는 금아 의녀를 돌아보았어요.

"그래, 너는 어떻게 생각하느냐? 우리가 말한 점 외에 새로운 점을 발견하였느냐?"

금아 의녀는 고개를 조아리며 말했어요.

임금님을 위한 병원, 시약청

임금님이나 왕비의 병이 아주 심하거나 오래 지속될 경우 임시로 시약청이라는 기구를 만들었어요. 내의원 의관과 의녀들뿐만 아니라 외부의 유명한 의관이나 의원들까지 동원해 임금님과 왕비의 병을 빨리 치료하기 위함이었지요. 시약청이 만들어진다는 것은 임금님이나 왕비의 병이 중하다는 것을 알리는 일이기 때문에 가벼운 일이 아니었어요. 궁중 사람들뿐만 아니라 백성들까지도 걱정스러운 마음으로 임금님과 왕비의 병세를 지켜보았지요.

"진맥을 보건대 저 역시 전하의 기운이 많이 떨어졌다는 것을 느꼈습니다. 다만 그 원인이 쉽게 잡히지 않던 차에 이 아이가 눈에 띄는 증상 하나를 찾았습니다."

"오, 그런가? 무슨 증상이지?"

"발가락의 종기가 아주 커져서 터졌다고 하옵니다."

그 말에 어의들은 고개를 저었어요.

"종기는 전하께서 건강하실 때도 종종 앓은 병이니라. 평소라면 종기 치료에 전념하였을 텐데 지금은 다른 병이 크니 종기에 신경 쓸 틈이 적구나. 게다가 종기란 게 본래 커졌다 작아졌다 하는 것이 아니냐?"

금아 의녀는 어의들에게 정중하게 반대 의견을 올렸어요.

"어의 분들께 외람된 말씀일 수 있으나 처방하신 약을 보건대 인삼을 하루에 세 냥 달여 드린 것으로 아옵니다. 인삼은 몸을 뜨겁게 하는 약재가 아닙니까. 저 역시 처음에는 그것을 생각지 못하였으나 종기를 발견한 것을 보고 나자 전하의 기력이 쇠한 이유가 몸 안에 가득한 열 때문이 아닐까 생각했습니다. 발가락 종기가 터진 것도 염증이 심하여 생긴 결과일진대 종기가 터졌다면 몸 안의 염증도 심해졌다는 이야기겠지요. 따라서 지금은 몸의 열을 가라앉히고 염증을 다스리는 약재가 필요할 듯합니다."

"그러나 전하께서는 기력이 극히 떨어져 계시니 인삼 처방은 계속

해야 한다. 기력 회복에 인삼만큼 좋은 약재가 어디 있단 말이냐?"

탕약을 전문으로 하는 어의의 말에 다른 어의들이 한숨을 내쉬었어요. 그때 이야기를 가만히 듣고 있던 설이가 눈을 반짝이며 말했어요.

"저……, 혹시 민들레는 어떨까요? 민들레는 염증도 가라앉히고 몸의 원기도 북돋아 주는 두 가지 효능이 있다고 배웠습니다."

"민들레라?"

어의들이 서로를 쳐다보았어요.

"민들레는 너무 흔한 약초가 아니더냐?"

그 말에 설이는 생각하는 바를 말했어요.

"귀하고 좋은 약초는 모두 들어온다는 궁궐에서 민들레는 그저 흔한 약초겠지만 저희처럼 가난한 백성들 사이에서는 효과 좋은 약초로 이름이 나 있답니다. 아무리 하찮은 음식도 잘 먹으면 약이 될 수 있고 좋은 음식도 맞지 않으면 오히려 몸을 해치는 독이 되는데, 민들레도 제대로 쓰기만 하면 인삼보다 귀한 약이 될 거예요. 저희 아버지께서도 커다란 종기 때문에 아파하던 환자 여럿을 민들레로 치료하셨거든요."

그 말에 금아 의녀도 동의했어요.

"지금껏 좋은 약재로 탕약을 달였지만 효험이 없으니 다른 약재를 사용해 보는 것도 좋을 것 같습니다. 게다가 민들레는 몸에 해로운

약이 되는 음식

임금님의 병을 치료하기 위해 수라간의 역할도 중요했어요. 우리 조상들은 대대로 음식과 약을 같은 개념으로 생각했어요. 먹는 것이 바르지 못하면 병이 생기고, 먹는 것을 건강하게 하면 병도 낫는다고 해서 '약식동원'이라는 말도 있었어요. 수라간은 이 약식동원의 원리에 따라 임금님께 병이 나거나 기력이 떨어지면 그에 걸맞은 음식을 만들어 치료에 힘을 보탰어요.

임금님이 요즘 허하시니 보양식을 준비해야겠다.

약이 아니니까요."

세 사람의 어의는 한참이나 생각에 잠겼어요. 그때 뚱뚱한 어의가 먼저 운을 떼었어요.

"지금껏 최선을 다했지만 우리의 노력이 빛을 보지 못했소. 나라의 사활이 달린 지금으로서는 선택의 여지가 없을 것 같소. 그렇다면 좋은 민들레를 대관절 어디서 구한다?"

그때 설이가 웃으며 손을 들었어요.

"어의님, 걱정 마세요. 저에게 좋은 민들레가 있답니다. 집을 떠날 때 아버지께서 몇 가지 약재를 싸 주셨거든요."

잠시 후 설이가 가져온 민들레를 모두 살펴보았어요.

"모양도 좋고 향이 탁월한 것이 아주 좋은 민들레가 틀림없군!"

어의들이 기뻐하자 설이도 함께 기뻐했어요. 무엇보다 아버지가 소중히 마련해 주신 비상약을 쓸 기회가 왔다는 게 너무 행복했지요.

"어서 민들레로 탕약을 만들라 명합시다!"

어의들의 얼굴에 한 줄기 희망의 빛이 감돌았어요. 설이의 민들레는 곧 내의원에서 약 짓는 의관들에게 전해져 탕약으로 만들어졌어요. 또한 수라간에서는 민들레로 맛있는 죽을 끓였지요. 이 민들레 죽은 임금님의 수라상에 오를 거예요.

뜨거운 김이 오르는 탕약을 젊은 의관 하나가 먼저 맛을 보았어요.

"신선하고 좋은 향이 풍기는 걸 보니 잘 만들어졌습니다."

약 짓는 의관이 탕약이 든 약탕기에 뚜껑을 덮고 자물쇠로 잠근 뒤 쟁반에 얹어 어의들에게 건넸어요. 혹시 약이 식을 때를 대비해 금아 의녀가 화로 하나를 들고 그 뒤를 따랐지요. 그렇게 어의 일행은 침전에 들어 임금에게 탕약을 올리고 나서야 그날의 중요한 임무를 끝낼 수 있었어요.

하지만 그것으로 모든 일이 끝난 건 아니었어요. 모두가 임금님의 쾌차를 바라며 앞으로 어떤 치료를 할지 밤늦도록 회의가 이어졌거든요. 늦게까지 긴 회의를 끝내고 돌아온 금아 의녀와 설이는 쓰러지듯 잠이 들었어요.

그런데 다음 날 아침, 놀라운 일이 벌어졌어요. 설이는 분주한 소리에 잠이 깼어요. 바깥에서 의녀들이 환호성을 지르고 있었어요. 설이가 문을 열어 보니 이미 금아 의녀가 설이를 깨우러 오고 있었지요.

"설아! 임금님께서 일어나셨어!"

금아 의녀가 설이를 껴안으며 소리쳤어요. 오늘 새벽, 정신이 혼미했던 임금님이 자리에서 일어나시더니 이렇게 말씀하셨다는 거예요.

"어젯밤 열이 내려 깊은 잠을 잤더니 훨씬 몸이 가볍구나."

내의원은 곧 축제 분위기처럼 들떴어요.

"임금님께서 병석에서 일어나셨다!"

모두가 덩실덩실 춤을 췄어요. 설이도 금아 의녀와 손을 잡고 기뻐했어요. 얼마 후 다시 만난 어의들도 점잔을 빼느라 헛기침만 했지만 기쁜 얼굴이었지요. 임금님의 병이 나아졌으니 이제 어의들도 큰 상을 받을 거예요.

그날 밤, 두둥실 뜬 달을 바라보던 설이는 문득 헤어진 의원이 떠올랐어요.

'지금쯤 의원님도 어디에선가 열심히 시험 준비를 하고 계시겠죠? 의원님, 꼭 시험에 합격하셔야 해요! 그래서 꼭 다시 만나야 해요!'

설이는 눈을 꼭 감고 마음속으로 빌고 또 빌었어요.

설이의 의학 공부
자나 깨나 임금의 건강을 돌보는 내의원

임금님의 일거수일투족을 살피며 건강을 챙겼던 내의원!
내의원이 임금님의 건강을 어떻게 보살폈는지 살펴보도록 해요.

진찰
내의원은 임금님의 건강이 나빠지지 않도록 자주 진찰을 했어요. 또한 날씨가 급격하게 변하는 환절기나 큰 행사를 앞두었을 때는 특별 진찰까지 했지요. 심지어 내의원은 임금님의 용변까지도 살폈어요. 임금님의 용변을 담는 통을 매우통이라고 하는데, 이 매우통을 내의원으로 가져와 색깔과 냄새를 맡고 직접 맛을 보아 병이 있는지 알아냈다고 해요.

동행
임금님을 진찰할 때는 어의들이 관리들과 동행해서 임금님을 뵈었어요. 불편한 곳이 있는지 묻고 답하고 외모를 살피면서 문진과 맥진을 실시했어요. 어의들은 임금님이 먼 곳으로 행차를 가시거나 전쟁 피난길에도 그림자처럼 따라다녔어요. 허준 선생도 임진왜란 당시 피난길에서까지 선조 임금의 곁을 지킨 것으로 유명하지요.

이제마의 사상 의학
체질마다 다른 치료법

　　　　　임금님이 쾌차하신 덕에 온 궁궐이 축제 분위기인 그때, 의원으로부터 편지 한 통이 왔어요. 설이와 금아 의녀는 편지를 읽고 깜짝 놀랐어요.

　편지에는 의원이 의과 시험을 포기했다는 사실이 적혀 있었어요. 오랫동안 기다리던 스승님을 만나 시험을 쳐서 관리가 되는 대신 스승님에게 공부를 더 배우기로 했대요. 또한 하루빨리 설이의 고향으로 가서 명이의 병을 고쳐 주고 싶으니 어서 자신이 있는 곳으로 찾아오라고 했지요. 그 길로 설이는 궁궐을 나와 의원을 만나기 위해 한걸음에 달려갔어요.

　"설아! 그동안 잘 지냈니?"

의원은 설이를 보자 마자 환하게 웃으며 맞아 주었어요. 헤어진 지 꽤 시간이 지나서인지 의원은 부쩍 어른이 된 모습이었어요.

"사실 편지를 보내 놓고 네가 올지 안 올지 걱정했는데 역시 와 주었구나."

의원의 말에 설이는 혀를 쏙 내밀며 웃었어요.

"제게는 의원님이 스승님인걸요. 스승님이 부르는데 안 올 제자가 어디 있나요?"

그 말에 의원도 크게 웃었어요.

"그렇게 생각해 주니 고맙구나. 먼저 가 볼 곳이 있다."

설이는 의원을 따라가면서 자신도 모르게 궁궐 입구에서 손을 흔들어 주던 금아 의녀를 떠올렸어요. 금아 의녀는 아쉬운 얼굴로 설이를 안아 주며 이렇게 당부했어요.

"지금은 동생의 병을 먼저 고쳐 줄 때이니 어서 가서 의원님을 만나거라. 하지만 꼭 다시 만나자꾸나."

설이와 의원은 한참이나 걸어 작은 주막에 도착했어요. 의원이 미소를 지으며 말했어요.

"네가 만나 뵈어야 할 분이 여기 계시단다."

잠시 후 의원이 손끝으로 누군가를 가리켰어요.

"얼마 전부터 저분에게 의학 공부를 배우고 있단다. 동무 이제마 선생님이시다."

이제마 선생의 사상 의학

이제마 선생은 조선 후기 의학자로, 사상 의학을 창시한 분이에요. 일반적으로 같은 병이나 증상이 비슷하면 같은 처방을 내리는데 사상 의학에서는 사람의 체질을 네 가지로 나누어 체질마다 다른 치료법을 시행했어요. 이제마 선생은 '사람마다 체질이 다르니 체질에 따라 다른 치료를 해야 한다.'라는 골자의 사상 의학을 창안했어요.

의원의 스승님은 사람들로 북적대는 가운데에서도 눈에 띄는 건장한 모습이었어요. 의원이 설이를 데리고 다가가자 이제마 선생은 날카로운 눈으로 설이를 한참이나 살펴보았어요.

"네가 설이로구나. 보아하니 불처럼 뜨거운 체질인 듯한데 이름은 차가운 눈을 뜻하니 참으로 좋은 궁합이다."

이제마 선생의 아리송한 말에 설이는 어리둥절한 얼굴이 되었어요. 눈이 동그래진 설이의 얼굴을 보며 이제마 선생이 미소를 지었어요.

"체질이란 각자 타고난 몸의 성질을 말한단다. 사람마다 눈, 코, 입 생김새가 다른 것처럼 사람마다 몸의 성질도 다른 것을 말하지."

의원이 곁에서 설명을 덧붙여 주었어요.

"기본적으로 사람의 체질은 뜨겁거나 찬데 스승님께서는 이를 각각 태양인, 태음인, 소양인, 소음인이라는 네 체질로 구분해서 병을 치료하신단다."

그때 이제마 선생이 손을 들어 두 사람에게 밥상 맞은편 자리를 가리켰어요.

"자, '금강산도 식후경'이라고 하지 않더냐. 머리를 쓰기 전에 먼저 배를 채워야지. 이리 올라오너라."

장사하러 나온 상인들, 지나가는 손님들이 저마다 툇마루에 모여 국밥과 전, 고기를 먹으며 왁자지껄 떠들고 있었어요. 설이와 의원이 자리에 앉자 이제마 선생이 주모를 불렀어요.

"여보게, 주모. 이 두 사람에게는 고기를 넣은 국밥을 주되 나는 고기를 먹지 않으니 메밀국수나 한 그릇 말아 주시오."

그 말에 주모는 고개를 갸우뚱하며 메밀국수를 말아 와서는 이렇게 말했어요.

"살다 살다 고기를 마다하는 객은 처음 봅니다."

"나는 고기를 먹으면 몸에 병이 생기니 하는 말이오."

이제마 선생의 말을 들은 사람들이 허허 웃었어요.

"거참, 고기 먹는다고 병이 나는 사람이 있단 말이오? 나는 반대로 고기를 못 먹어서 병치레요."

그 말에 이제마 선생이 웃으며 메밀국수를 천천히 먹기 시작했어요. 설이가 국밥을 떠먹으며 이제마 선생에게 물었어요.

"선생님은 고기를 싫어하시는 거예요?"

"글쎄다, 이건 좋고 싫음의 문제가 아닌 것 같구나. 내 본래 신체 건강한 무인이었으나 어쩔 수 없는 병 하나가 있었느니라. 스스로 그 병을 치료하고자 연구를 하던 중에 사람은 각기 체질이 다르다는 것을 깨달았고, 내가 그중에 태양인의 체질임을 알게 되었지. 또한 체질이 태양인이니 음식도 체질에 맞게 먹어야 한다는 것을 깨달았느니라. 지금 내가 먹는 메밀국수는 비록 거창하지는 않은 음식이나 뜨거운 체질과 잘 맞는 차가운 음식이니 내게는 약과 같지."

그때 옆자리에서 난데없이 싸움 소리가 들려왔어요. 주막에서 밥을 먹던 모두가 쳐다보았지요. 두 상인이 함께 막걸리를 마시다가 옥신각신하였는데 듣자하니 돈을 빌려 주고 빌린 이야기를 하다가 다툼이 난 모양이에요.

"자네가 그러고도 친구인가! 사정을 뻔히 알면서 어찌 돈을 안 갚는가 말일세!"

"이 친구야, 한 달만 시간을 달라는데 그렇게 매몰차게 사기꾼 취

사상 의학과 체질별 음식

사상 의학에서도 음식을 약과 동일한 것으로 여겼어요. 다만 사상 의학에서는 체질별로 맞는 음식과 그렇지 않은 음식을 골라서 먹어야 한다고 말해요. 뜨거운 체질의 사람은 성질이 찬 음식이 잘 맞고, 차가운 체질의 사람은 성질이 따뜻한 음식이 몸에 좋다고 해요.

소양인
태양인과 비슷하게 열을 가라앉히는 음식이 좋으며, 새우, 들깨, 게, 돼지고기 등이 몸에 잘 맞아요.

태양인
열을 가라앉히는 차가운 음식이 몸에 좋아요. 어류, 어패류, 해산물, 야채, 메밀 그리고 배, 키위, 바나나 등과 같이 찬 성질을 갖고 있는 음식들이에요.

태음인
씨앗, 콩류, 잣, 율무, 고구마, 감자, 버섯, 고기류와 야채 중에서는 뿌리 부분 야채가 좋아요.

소음인
몸이 차기 때문에 따뜻한 음식이 좋으며, 고추, 겨자, 파, 마늘, 인삼, 꿀, 고기류와 계란이 몸에 잘 맞아요.

급할 건가!"

두 사람이 언성을 높여 싸우는데 갑자기 돈을 빌려 준 쪽 상인의 얼굴이 하얗게 질리며 쓰러졌어요.

"어이구, 가슴이야!"

놀란 사람들이 쓰러진 사람을 향해 몰려들었어요. 싸우던 친구도 놀라서 도움을 외쳤어요. 이제마 선생도 젓가락을 놓고 서둘러 쓰러진 사람에게 다가갔어요.

"난 의원이오. 내가 잠시 살펴보도록 해 주시오."

이제마 선생은 쓰러진 상인의 창백한 안색을 살피더니 재빨리 침을 놓았어요. 선생의 침 놓는 솜씨를 본 사람들의 얼굴에 놀라운 기색이 떠올랐어요.

"저이는 누구인고? 솜씨가 번개 같구먼."

환자가 다시 숨을 쉬고 얼굴이 편안해지자 이제마 선생이 혀를 차며 말했지요.

"이보시오, 보아하니 화병을 앓은 지 오래되었구먼."

그때 곁에서 안절부절못하던 친구가 눈물을 글썽이며 고개를 끄덕였어요.

"내가 이 친구에게 돈을 빌렸는데 한참이나 갚지 못해서 그렇습니다. 아마 마음이 많이 상했을 겁니다."

이제마 선생은 주모를 불러 찬물을 가져다줄 것을 부탁한 다음, 친구 상인에게 말했어요.

"이보오, 당신 친구 병을 낫게 하려면 이번에는 약속을 어기지 말고 빚을 갚아 주도록 하시오. 사람의 병은 약으로만 치료한다고 낫는 게 아니오. 모든 병은 마음에서 시작되니 당신이 빚을 갚지 않아 마음에 화가 쌓이면 이 사람의 병은 낫지 않을 거요."

이제마 선생은 주모가 가져다준 물을 쓰러진 상인에게 건넸지요.

"듣자하니 딱한 사정인 것은 알겠으나 술은 마음을 더 조급하게 만들고 화를 돋우니 술을 끊고 마음의 화를 덜어 내시구려. 안 그러면 앞으로 더 큰 병이 될 거요."

"목숨을 살려 주셨는데 무슨 말인들 못 듣겠습니까. 앞으로 술은 쳐다도 안 보겠습니다요."

쓰러진 상인은 몇 번이나 이제마 선생에게 고맙다고 인사하며 찬물 그릇을 받아들었어요. 친구가 다가와 쓰러진 상인을 일으켜 세우며 눈물을 흘렸어요.

"이보게, 내가 미안하네. 내 이번 달 안으로 꼭 돈을 갚을 테니 노여움을 푸시게."

그러자 쓰러졌던 상인도 마음이 누그러졌어요.

"내가 너그럽지 못해 그러네. 내 병을 내가 키웠으니 자네 탓이 아닐세."

두 사람이 얼싸안자 주변 사람들도 안심한 듯 한숨을 내쉬었어요.

이제마 선생과 의원, 설이는 사람들의 무리를 뒤로 하고 주막을 떠났어요. 이제마 신생이 두 사람을 데려간 곳은 작은 한약방이었어요. 가는 길에 의원은 설이에게 어디로 가는지 간단하게 설명해 주었어요.

"우리는 스승님이 운영하고 계신 한약방에 가는 거란다. 스승님은 이곳에서 연구도 하고 우리처럼 젊은 의원들을 가르치기도 하시지. 또 아픈 사람들이 찾아오면 치료를 해 주신단다."

일행이 한약방에 들어서자 젊은 청년 한 사람이 마중 나와 인사를 했어요.

"스승님, 아랫동네 최 노인께서 찾아오셨습니다."

"오, 그래. 우선 그분부터 만나야겠구나."

설이와 의원도 이제마 선생을 따라 안으로 들어갔어요. 이제마 선생이 모습을 나타내자 안에서 기다리고 있던 노인이 자리에서 일어났어요.

"의원님, 감사를 드리러 이렇게 왔습니다. 절부터 받으시지요."

머리가 하얀 노인이 이제마 선생에게 큰절을 올렸어요.

"의원님 처방 덕분에 제 아들이 목숨을 건졌으니 이 감사의 마음을 어찌 표현해야 할지……. 준비한 게 보잘것없어 죄송합니다."

노인이 내놓은 것은 좁쌀 한 되가 든 작은 포대였어요. 목숨을 구해 준 대가치고는 적었지만 선생은 그 좁쌀을 정중하게 받았어요.

"귀한 좁쌀을 주시니 감사히 먹겠습니다. 부디 아드님과 오래오래 건강하시오."

그 장면을 보며 설이는 가슴이 뭉클했어요. 섬에 있을 때 설이는 명이의 병을 고치려면 많은 돈이 필요한 줄만 알았어요. 그런데 의원이나 이제마 선생처럼 큰돈을 탐내지 않고 병을 치료해 주는 분들이 있다니 정말 감사했어요.

만일 섬을 떠나오지 않았더라면 세상에 명이를 도와줄 수 있는 사람들이 많다는 것도 몰랐을 것이고, 그러면 명이의 병은 더욱 깊어졌겠지요.

그날 저녁, 식사를 마치고 나자 의원이 설이에게 말했어요.

"편지로 말했듯 진정한 스승을 만났는데 관직이 무슨 소용이 있겠니. 중요한 것은 병자를 고치는 일이란다. 내일 네 고향으로 가서 동생의 병을 살펴보마."

설이는 의원에게 몇 번이고 감사의 절을 올렸어요. 의원은 그런 설이를 다정하게 일으켜 세우며 말했어요.

"제자의 어려움을 모른 체하는 스승이 있겠니? 네가 나를 스승으로 삼았다니 나도 너를 돌보는 것이 당연하지."

그 말에 설이도 활짝 웃었어요.

그날 밤, 이제마 선생은 설이와 의원을 앞에 앉히고 차를 따라 주었어요.

"내일이면 두 사람 모두 먼 길을 떠나는구나. 조심히 다녀오너라.

나도 너희가 돌아올 때까지 책 쓰는 일에 심혈을 기울이고 있으마."

이제마 선생의 말에 설이는 조심스레 물었어요.

"혹시 어떤 책을 쓰고 계신지 여쭤 봐도 되나요?"

"《동의수세보원》이라는 책이니라. 내 일찍이 이 책을 썼으나 아직 부족하여 덧붙이고 고치는 작업을 하고 있지."

곁에서 의원이 설명해 주었어요.

"《동의수세보원》은 스승님이 창안하신 사상 의학에 대한 내용을 담고 있단다. 태양인, 태음인, 소양인, 소음인이 각각 어

이제마 선생의 《동의수세보원》

이제마 선생은 허준 선생에 비견되는 대표적인 한의학 학자예요. 특히 병을 치료하려면 체질을 중시해야 한다는 선생의 이론은 그간 유례없는 독창적인 이론이었지요. 선생의 이 사상 의학을 담은 책이 바로 《동의수세보원》이에요.
이 책은 사상 의학에 대한 이제마 선생의 생각을 엿볼 수 있는 책으로, 선생은 처음에 쓴 책이 부족하다고 생각해 덧붙이고 고치는 작업을 진행했지요. 하지만 안타깝게도 이 책을 미처 완성하기 전에 세상을 떠났고, 선생의 제자들이 처음 책과 수정한 책을 합쳐서 발간했지요.

떻게 다르고 어떤 병이 쉽게 오며, 어떤 약과 음식으로 치료할 수 있는지, 건강하고 오래 살려면 어떻게 마음을 다스려야 하는지를 담은 책이지."

의원의 대답에 이제마 선생이 흐뭇하게 웃었어요.

"그렇지, 잘 이해하고 있구나. 이 책이 완성되면 분명히 백성들에게 좋은 쓰임이 될 것이다. 병은 치료보다 예방이 중요한 법, 각 가정마다 이 책을 구비해 두고 병을 예방하는 데 쓸 수 있다면 원이 없겠구나. 내 지금 하루하루 다투어 이 책을 집필 중이니 너희 역시 하루도 허비하지 말고 아픈 사람들의 병을 고쳐 주는 데 심혈을 기울이도록 하거라."

설이는 자신의 삶을 다 바쳐 환자를 돌보는 이들의 삶에 가슴이 벅차오르는 것을 느꼈어요.

며칠 뒤 드디어 의원과 설이는 섬으로 들어가는 선착장 앞에 섰어요. 떠나올 때는 섬에서 배를 타고 이곳까지 왔는데, 이제는 이곳에서 배를 타고 섬으로 돌아가야 했어요.

설이는 이상한 기분이 들었어요. 떠나올 때는 자신이 아주 어린아이처럼 느껴졌는데 다시 섬으로 들어가는 지금은 부쩍 자란 것만 같았지요.

설이와 의원이 배를 타자 뱃사공 아저씨가 먼저 설이를 알아보았어요. 뱃사공 아저씨는 기뻐하며 설이에게 말했어요.

"그래, 네가 드디어 집으로 돌아가는구나! 안 그래도 언제 오나 기다렸단다. 떠날 때는 눈물을 짓더니 돌아갈 때는 밝은 얼굴이구나."

설이는 수줍고도 자랑스러운 미소를 지었어요. 정말이지 설이는 의원님을 모시고 집으로 돌아갈 수 있게 되어서 다행이라고 생각했어요. 눈을 감으니 할머니, 아버지, 어머니, 멍이의 모습이 벌써 눈 앞에 그려지는 것 같았어요. 설이는 어서 집에 도착하고 싶어 발을 동동 굴렀어요.

아니나 다를까 두 사람은 배에서 내리자마자 날듯이 집으로 향했어요. 집에 도착한 설이와 의원을 가족들 모두가 기뻐하며 반겨 주었어요.

"이렇게까지 먼 길을 와 주시다니 감사합니다."

아버지와 어머니는 몇 번이나 의원에게 감사의 인사를 했어요.

"이렇게 극진히 맞아 주시니 제가 다 감사드립니다."

의원은 저녁 밥상이 나오기도 전에 멍이의 병세부터 먼저 살펴보았어요.

"네가 멍이로구나."

의원이 방으로 들어서자 멍이는 부끄러운지 이불 속에 폭 파묻혀 눈만 내밀고 있었어요.

"멍이야, 너를 고쳐 주실 의원님이셔."

설이가 가만히 멍이의 손을 잡아 주었어요. 그제야 멍이는 이불 밖으로 얼굴을 내밀었어요. 곧이어 모든 가족들이 숨죽여 지켜보는 가운데 의원의 진맥이 시작되었어요. 의원은 몇 번이나 맥을 짚어 보더니 설이를 향해 미소를 지었어요.

"내 말을 기억하니? 우리는 모두 자신의 운명을 향해 나아간다고. 내가 너를 만난 건 결국 명이의 병을 치료하기 위해서가 아닐까 하는 생각이 드는구나."

의원은 침을 꺼내 명이에게 침을 놓으면서 다정하게 이야기했어요.

"그간 병을 앓느라 고생했지? 지금 놓는 침은 깊은 잠을 잘 수 있게 도와준단다. 오늘 밤 푹 자고 내일 내가 지은 약을 먹으면 한결 몸이 가벼워질 거야."

의원의 말에 명이도 눈을 빛내며 웃었어요. 그 모습을 보며 설이는 어쩌면 진정으로 환자를 돌보고 아껴 주는 진심 또한 아픈 사람을 낫게 하는 약이라는 것을 깨달았어요.

그날 밤, 설이는 새근새근 잠든 명이의 손을 잡고 깊은 잠에 빠졌어요. 꿈에서 설이는 집 앞마당에 소복히 쌓인 눈, 그리고 그 눈으로 눈사람을 만들고 있는 명이를 보았지요.

설이는 이제 더 이상 겨울이 오는 게 두렵지 않았어요. 의원과 설이가 힘을 합쳐 명이를 돌본다면 반드시 올 겨울부터 명이도 바깥으로 나와 아름다운 눈을 볼 수 있을 테니까요.

설이의 의학 공부
사상 의학의 네 가지 체질

이제마 선생은 사람의 체질을 4가지로 나누고, 체질마다 다른 방법으로 건강을 지켜야 한다고 말했어요. 특히 각 체질마다 오장육부의 강하고 약함이 다르기 때문에 질병 치료 또한 각각 달리해야 한다고 주장했지요.

태양인

태양인들은 머리가 크고 얼굴이 둥글고, 광대뼈가 나오고 눈빛이 빛나는 사람이 많다고 해요. 허리가 약해서 오래 앉거나 서 있지 못해요. 판단력이 좋고 사람들을 통솔하는 힘이 있지만 자존심이 강해서 일이 뜻대로 되지 않으면 화를 잘 낸다고 해요. 우리나라 사람은 태양인 수가 많지 않은데, 이제마 선생이 바로 태양인 체질이었어요.

태음인

대부분 골격이 굵고 몸집이 큰 사람이 많아요. 또한 몸을 조금만 움직여도 땀을 많이 흘리는데, 태음인은 땀을 흘려야 건강에 좋으므로 땀이 나지 않으면 건강에 적신호라고 해요. 호흡기가 약해서 숨 차는 일이 많지요. 성격은 조용하고 계산적인 면이 있지만 꾸준한 노력파이기도 해요. 심장이 약하고 겁이 많아 가슴이 두근거리는 경우도 있지요.

소양인

가슴은 발달했지만 엉덩이가 작고 하체가 약해 걸음걸이가 빨라요. 눈매가 날카롭고 입술이 얇고 턱이 뾰족하며 살결은 희고 땀을 많이 흘리지 않지요. 소양인은 활발한 성격이라 외향적인 일을 좋아하고, 남을 위해 일하며 보람을 느끼는 사람이 많아요. 다만 계획성이 적어서 일을 시작하기는 잘하지만 끝을 못 맺는 경우가 있어요.

소음인

체구는 작지만 균형이 잘 잡혀 있고, 이목구비가 오밀조밀한 미남미녀가 많아요. 피부가 부드럽고 땀을 많이 흘리지 않으며 걸음걸이는 자연스럽고 얌전하지요. 언뜻 내성적이고 부드럽지만 안으로는 강인하고 치밀한 외유내강형이에요. 머리가 총명하고 판단력이 빠르지만 질투심이 강하고 마음이 좁아서 인색한 면도 있어요.